心一堂術數古籍珍本叢刊

書名：增補高島易斷（原版）附虛白廬藏日本古易占五種（四）
系列：心一堂術數古籍珍本叢刊 占筮類 第三輯 246
作者：【日本】高島呑象 等、【清】王治本中譯
主編、責任編輯：陳劍聰
心一堂術數古籍珍本叢刊編校小組：陳劍聰 素聞 鄒偉才 虛白盧主 丁鑫華

出版：心一堂有限公司
通訊地址：香港九龍旺角彌敦道六一〇號荷李活商業中心十八樓〇五—〇六室
深港讀者服務中心·中國深圳市羅湖區立新路六號羅湖商業大厦負一層〇〇八室
電話號碼：(852)9027-7110
網址：publish.sunyata.cc
電郵：sunyatabook@gmail.com
網店：http://book.sunyata.cc
淘寶店地址：https://sunyata.taobao.com
微店地址：https://weidian.com/s/1212826297
臉書：https://www.facebook.com/sunyatabook
讀者論壇：http://bbs.sunyata.cc/

版次：二零二一年五月初版
平裝：八冊不分售

定價：港幣 一仟六百八十元正
新台幣 六仟九百八十元正

國際書號：ISBN 978-988-8583-91-1

香港發行：香港聯合書刊物流有限公司
地址：香港新界荃灣德士古道二二〇—二四八號荃灣工業中心十六樓
電話號碼：(852)2150-2100
傳真號碼：(852)2407-3062
電郵：info@suplogistics.com.hk
網址：http://www.suplogistics.com.hk

台灣發行：秀威資訊科技股份有限公司
地址：台灣台北市內湖區瑞光路七十六巷六十五號一樓
電話號碼：+886-2-2796-3638
傳真號碼：+886-2-2796-1377
網絡書店：www.bodbooks.com.tw
台灣秀威書店讀者服務中心：
地址：台灣台北市中山區松江路二〇九號一樓
電話號碼：+886-2-2518-0207
傳真號碼：+886-2-2518-0778
網絡書店：http://www.govbooks.com.tw

中國大陸發行 零售：深圳心一堂文化傳播有限公司
深圳地址：深圳市羅湖區立新路六號羅湖商業大厦負一層〇〇八室
電話號碼：(86)0755-82224934

心一堂微店二維碼

心一堂淘寶店二維碼

高島易斷

下經

貞

下經 貞

增補高島易斷

大日本橫濱　從五位高島嘉右衛門　講述
東京　柳田幾作　筆錄
清　國寧波　王治本　補正

䷰ 澤火革

卦體澤滲下。火炎上。澤動則上者欲下。火動則下者欲上。上下相爭。則不相得。不相得則不能不革。革之卦自革來。革象首言改。改。猶革也。革反爲鼎。鼎三曰。鼎耳革。是鼎亦取革之象。革易位爲睽。睽五曰。噬膚。革爲皮。膚亦皮也。是睽亦有革之義。卦象兌澤離火。上互乾。謂之金生水。下互巽。謂之木生火。合之謂金克木。水克火。上下相克。相克必相革。洪範曰。金從革。兌西方之卦。屬金。故名其卦曰革。

革已日乃孚。元亨利貞。悔亡。

革。改革也。日者離象。納甲離納已。已爲土。位居中。易道貴乎得中。過中則變。古人以已有變更之義。儀禮。少牢饋食禮。日用丁已。鄭注。必丁已者。取其自丁寧。自變更。是已有革義也。五常以土爲信。土即已也。將有改革。先示以信。已日者。爲信孚於人之日也。故曰已日乃孚。離火生於乾二。兌金生於乾四。是卦從乾來。故元亨利貞。四德皆具。有孚悔亡。已日之功也。王弼曰。即日不孚。已日乃孚。已讀作已事遄往之已。䟽與正義。皆從其說。然易中用甲。用庚。用日。用月。各有精義。王說恐未然。

彖傳曰。革。水火相息。二女同居。其志不相得。曰革。已日乃孚。革而信之。文明以說。大亨以正。革而當。其悔乃亡。天地革而四時成。湯武革命。順乎天而應乎人。
革之時大矣哉。

傳曰水火相息。火在澤下。火不得上炎。則水息其濕。澤在火上。水不能下流。則火息其燥。息者。止而生也。相制則止。相成則生。息與孟子日夜之所息同義。二女同居。二索三索。皆從坤生。故爲同居。離中女。兌少女。兌上離下。位既不當。兌水離火。性又不同。故其志不相得。志不相得。必生其變。所以爲革。然水火相克不相得。必得土以調濟其中。則革乃成。而民乃信。文明者。離象也。信說者。兌象也。大亨以正者。體夫乾之德也。如是而革得其當。如是而悔乃可亡。改過遷善。革在吾身也。去舊從新。革在人事也。寒往暑來。革在天時也。弔民伐罪。革在天位也。革之爲道。不取義。不取用。惟在得時。故曰革之時大矣哉。

以此卦擬人事。爲澤。爲火。是人事所必用也。中女少女。是人事所恒有也。水火者。燥濕殊性。故用雖相濟。而適以相害。二女而出自兌離。亦各秉水火之性。故初雖同居。而終不相得。是水火之窮。亦即爲人事之窮也。窮則不能不變。變則革矣。夫生物者乾。成物者坤。坤爲土。惟土居中。能劑合夫水火之宜。惟土爲信。能貫徹夫上下之交。彖所云。已日乃孚者。道在斯耳。蓋革以信而行。以明而著。以說而從。兌曰亨利貞。離曰利貞亨。合之謂革。曰大亨以正。此其四德。亦即從坤土而來。由是而革當。由是而悔亡。皆已自之功也。凡人事之最要者。在先求其孚也。有孚則有革而若不見其革。仰觀天地。而歲時之變革著焉。遠觀殷周。而國社之鼎革昭焉。事有大小。道無異致。人道也。天道也。君道也。皆可於革之時見之矣。故曰大矣哉革之時也。

以此卦擬國家。天下之變。勢爲之也。夫國家苟得久治久安。聖人豈不樂相安於無事。何得好爲其變哉。惟法久則弛。俗久則偸。因循日積。釀成大亂。是以因其變。用其權。不得不與天下相更始者。勢也。然國家而至變革。大事也。危事也。急遽妄動。則後先易升。權制獨任。則謗讟易興。慮不顧後。則難以圖終。計不便民。即無以服衆。聖人蓋必爲之策其全。明以審之。說以順之。亨貞以成之。初則時猶未至。鞏用黃牛。而不嫌其固。二則時適其中。已日革之。而自得其吉。三則時當其革。必三就以求其孚。四則時處方革。雖改命而自无悔。五六時在革後。大人則文明以治。小人即順從以應。如是而革道成矣。觀夫殷周之興。乃知革命之自有眞焉。曰順天。孚在天也。曰應人。孚在人也。故殷周之革夏商。天下信其革。說其革。若有不知其革者也。按湯以乙卯興。武以甲子興。乙卯爲木。合成金土。甲子木水。合皆爲土。據此知殷周革命時日而兼用土爻。已日乃孚。此明證也。至于四時變革。木金水火。各主一時。而土實分旺於中。亦可見土之力也。

象曰。君子治歷明時。惟君子爲得能其時之大者矣。

通觀此卦。卦自困來。時窮世困。天下之亂久矣。幸而出困入井。井者。養也。井彖曰。改邑不改井。是知邑可改。而養不可改也。不可改。故必先養其元氣。待養之既成。而後可從事於改矣。故井先於革。雜卦傳曰。革去故也。鼎取新也。取新必先去故。故鼎後於革。古來處革之世。而善用其革者。莫如湯武。湯武之革。非湯武爲之。時爲之也。順夫天。應夫人。天人交孚。而革乃成矣。下卦三爻。文明以革。

初爻未至已日。未可用革。二爻正中已日。乃可用革。三爻革事已成。無容前往矣。上卦三爻。革而成說。四受天命。五正天位。六天下化成。无不說服矣。是水得土而受革於人也。故彖辭首曰已日乃孚。以卦言之。則離革兌。以爻言之。則陽革陰。革之道。首重夫信。革之事。唯求其當。而所以革者。貴得夫時。是以天地不能未春而革夏。未秋而革冬。四時之革。皆應夫時。可革而革。此革之時。所以爲大也。

大象曰。澤中有火。革。君子以治歷明時。

澤本有水之所。變而有火。是亦天地之變象也。故曰革。君子法之。治歷者。推日月星辰之遷易。明時者。察分至寒暑之往來。故曰君子以治歷明時。歷者。天事也。時者。人事也。是順天道而治人事也。晝夜爲一日之革。晦望爲一月之革。分至爲一歲之革。即彖稱所云天地革。而四時成之義也。

(占)問時運。譬如有水之處。忽而出火。是氣運之反常也。宜順時改變。乃吉。○問戰征。屯兵之地。防谿谷林木間着火。最宜謹愼。○問營商。兌爲金。金入火則金鎔矣。銷耗之象。宜遷地貿易。乃可无咎。○問功名。龍門變化。燒尾之象。吉。○問婚姻。卦體上澤下火。澤有火。是水被火所制。夫爲妻所制也。革者有出妻改娶之象。○問家宅。此宅防有火災。急宜改遷。○問疾病。是腎水枯涸。肝火上炎之症。宜改延良醫。順時調養。○問訟事。此事本無中生有。災自外來。宜改易訟詞。揆度時日。其辯自明。其訟得直。○問六甲。生女。凡占此卦。皆女象。唯出月過時。變則成男。

初九。鞏用黃牛之革。

象傳曰。鞏用黃牛。不可以有爲也。

離爲黃牛。革爲牛皮。鞏。揚子方言。謂火乾也。是皮方去毛。以火乾之。猶未成其革也。初居離之始。其象如之。革者本大有爲之事。初爻卑下。其時其地。皆未當革。其才與德。亦不足以任革。恰如取黃牛之革。始用離火以乾燥之而已。未可躁急而妄改也。象傳以不可有爲釋之。謂不可先時而革也。

(占)問時運。好運初來。猶宜固守。不可妄動。○問營商。商業初成。宜先立鞏固之基。未可妄事更張也。問功名。初出求名。其才未充。其時尙早。必待四五年後。方能變化騰達。○問婚姻。男女之年尙幼。未可擬親。俟三年後。可以成就。○問家宅。此宅新造。屋宇堅固。○問疾病。病是胃火微弱。脾土過强。致中腹脹硬。有類黃疸之症。藥宜消積健脾以治之。○問訟事。必是健訟。未易斷結。○問六甲。生女。

(占例)某友來。爲攝綿土生意。願出資金。與余合業。請卜一卦。以決盈虧。筮得革之咸。

爻辭曰。初九。鞏用黃牛之革。

斷曰。卦體澤上火下。澤本爲水土之合。火又能生土。革者。合水火以革土也。其象與製造攝綿土。適相符合。占得初爻。爲生意在發軔之始。爻辭曰。鞏用黃牛之革。黃。中央之色。牛屬土。革皮也。土之外面。亦稱皮。鞏。堅韌也。攝綿土者。取粘土。和石灰。入灶。用火煅煉。其中有水有土有火。合三者而革成之也。初爻事在始謀猶未可遽用其革。第示其象之堅韌。如牛革然。就爻而推論之。閱一年而革可行。閱二年而革可成。四年人皆信用其革。五六年則革成之品。愈精愈美。初時所云牛皮。後皆爲虎豹。而有文綵矣。爻辭詳明切合。可信可喜。

六二。巳日乃革之。征吉。无咎。

象傳曰。巳日革之。行有嘉也。

二爲內卦之主。居離之中。彖所云巳日乃孚。二實當之。在彖曰乃孚。是天人先期其孚也。在爻曰乃革。是時會適當可革也。既孚乃革。不言孚而孚在其中矣。二與五應。征者。往也。謂往應大人之命。以共啓文明之運。故吉而无咎。象傳以行有嘉釋之。離爲火。火主禮。凡國家變革之事。要不外制禮之大法。周禮大宗伯。所謂嘉禮親萬民者此也。故曰行有嘉也。

（占）問時運。行土運可以興事立業。大佳。○問戰征。宜擇戊巳日。行軍接戰。必可獲勝。○問營商。於攝綿土生意最宜。凡新立買賣。必擇土日開市。大吉。○問功名。戊已年必可成名。或交土運。○問婚姻。可稱嘉偶。○問家宅。修理舊宅。宜擇土日。○問行人。戊已日可歸。○問疾病。逢已日可愈。吉。○問六甲。生女。

(占例)縉紳某來。請占氣運。筮得革之夬。

爻辭曰。六二。已日乃革之。征吉。无咎。

斷曰。卦名曰革。去舊取新。重興事業之象。卜得二爻。其地位在適當改革之時。知足下氣運正盛。大可有爲。征吉。征往也。二應在五。五在外卦。謂當往外而從五。自能獲吉。已日者。宜擇戊已日起行。前往无咎。

九三。征凶。貞厲。革言三就。有孚。

象傳曰。革言三就。又何之矣。

三四五三爻。皆言有孚。是就象傳乃孚之辭。至再至三。而申明告示。以期其孚也。三處離之終。二既行革。則革之成敗。正於三見之。操切行革。反以招敗。故征凶。革當大事。革而不從。適以啓禍。故貞厲。是躁革者危。不革亦危也。君子唯先求其孚而已。是以革之事未行。革之言先布。離爲言。當離三爻。故爲三就。昔盤庚遷殷。周公之告多方多士。皆反覆詳明。不嫌其言之煩。唯期其民之孚也。言既三就。則我之誠意。可深入於民心。民於此時。當必有孚攣如矣。或云三就者。如左傳所云。政不可不愼。務三而已。一擇人。二因民。三從時。得此三者。而天人交孚矣。其說亦通。象傳以又何之釋之。凡占象如乾之坤。之字皆作變解。謂三就而革。復有何變也。

(占)問時運。當此有事之後。一不謹愼。則有凶危立至。宜再三籌度而行。方得衆人信服。從此而往。時運大佳。○問戰征。兵。凶事也。危事也。發軍之日。宜號令申明。斯信則人任。往無不利也。○問營商。未計其盈。宜先防其虧。貿易之道。以信爲主。必得衆商信從。乃可獲利。○問功名。必三試可就。○問婚姻。得三人爲媒。可成。○問家宅。宜三遷。○問訟事。始審再審至大審。三審乃直。○問疾病。症象本危。三日後可愈。○問六甲。生女。

(占例)某舊藩士。來請占藩政方向。筮得革之隨。

爻辭曰。九三。征凶。貞厲。革言三就。有孚。

斷曰。此卦澤水在上。離火在下。火盛則滅水。水盛則滅火。彖傳曰。水火相息。息或作滅。亦作生。滅而復生。是即去舊取新之義也。故謂之革。今占得三爻。三以陰居陽。處離之終。按數成於三。三爻爲適當革事之成。一革以後。爲凶爲吉。亦在三爻。知藩政之成敗。即在三爻時也。革言者。謂用革之議也。三就者。謂再三酌議而行之也。如是則人心信從。而革乃无咎。否則驟革固凶。不革亦危。是明示藩政之不可不革。而亦不可驟用其革也。足下其審愼之。

九四。悔亡。有孚。改命吉。

象傳曰。改命之吉。信志也。

革而議之謂之言。革而行之謂之命。四爻出離入兌。當改革之交。彖曰。革而當。其悔乃亡。四得專之。兌二曰孚兌吉。象傳謂孚兌之吉。信志也。四爻曰有孚吉。

而象亦曰信志。謂舉大事。動大衆。必先得民心。而後可大得志也。是革四爻。即兌二爻。故其辭同。其象亦同。改命者。必上膺天命。下順人心。改玉改步。鼎革一新。是湯武之革命是也。後世託言湯武。而妄思改命者。類皆滅亡。蓋革命必有湯武之志則吉。無湯武之志則凶。改命之吉。專指湯武而言。象傳曰信志。亦謂此也。

(占)問時運。曰悔亡。曰吉。是災悔既亡。而吉運來也。萬事皆可改作。无不如志。○問營商。必是舊業重興。大可得利。○問戰征。改旂易轍。重振軍令。可以開國。可以闢地。可以轉敗爲勝。吉。○問功名。改武就文。可以成名。○問婚姻。不利元聘。利重婚。○問家宅。改作改造。大吉大利。○問訟事。災悔已退。訟即可罷。○問失物。可尋得之。○問六甲。生女。

(占例)友人某來。請占氣運。筮得革之既濟。

爻辭曰。九四。悔亡。有孚。改命吉。

斷曰。革者去故取新之卦。在人則衰運去而盛運來也。今占得四爻。知足下近氣運方盛。從前災悔已消。此後事業重新。進而謀事。成就無疑。但不利仍舊。唯利改作。故曰改命。命。命運也。人生命運。五年一換。象取已日。以土爲用。信亦爲土。如丙子運後。換入己丑。土運正旺。故吉。凡平素不利之事。一經改革无往不利矣。後果然。

○明治二十八年一月三十一日。我軍陷威海衛。清國北洋艦隊。據守劉公島。抗拒我軍。二月五日。筮得革之既濟。

爻辭曰。九四。悔亡。有孚。改命吉。

此卦我爲內卦。屬離火。清爲外卦。屬兌金。有以火鑠金之象。卦名曰革。革者改也。四爻正當變革之時。以火器攻打鐵艦。令彼艦輪。改變旗號。歸命來降。是全勝之占也。後果以水雷擊沈艨艦。至十二日。北洋艦隊。悉皆來降。砲臺亦歸我有。是大振虎變之威也。

九五。大人虎變。未占有孚。

象傳曰。大人虎變。其文炳也。

五爻得坤氣。坤爲虎。兌屬正西。白虎西方之宿。故五爻有虎象。虎變者。虎之毛羽。變而成文。愈變而愈美者也。五居尊位。故稱大人。爲革之主。風虎雲龍。變化莫測。爲革之至盛至當者也。湯武革命。即在此爻。未占有孚者。大人德位俱隆。躬任制作。將爲天下更新。大啓文明之化。而天下之被其化者。早已輸誠悅服。不敢或後。所謂不疑何卜。無容質諸于鬼神。故曰孚在占先也。孚於人。尤孚於天。是天與之。人歸之。有見其孚而不見其革者矣。上互乾。乾爲大人。非乾道變化各正性命之大人。曷克臻此。象傳以文炳釋之。五處兌之中。兌爲澤。爲金。澤謂潤澤而有文也。金亦有文象。下應離火。離爲光。爲明。其文更著。丙火爲離。丙即炳。故炳字。从火从丙。

(占)問時運。如此大運。非首出庶物之大人。不克當此。若常人占得此爻。必能光前裕後。大振家聲。○問戰征。虎臣桓桓。威聲早著。可不戰而來降也。○問營商。

白虎屬西方之宿。西屬秋。防貨價至秋。大有變動。宜先訂定價。自可獲利。吉。○問功名。乾曰風從虎。雲從龍。言各得其際會也。吉。○問婚姻。俗以白虎爲不利。婚事未占先孚。猶言未嫁而先從也。爲女不貞之象。○問家宅。虎動。亦不利。○問疾病。虎屬寅。寅爲木。是必肝木振動之症。不占先孚。必不藥而愈也。吉。○問六甲。象本生女。一變則爲男。

(占例)有某諸侯。使其庶子嗣末家。末家者幕府旗下之士也。戊辰之變。旗下之徒數百人。推末家爲隊長。將謀舉事。其家臣五十餘人。多與其謀。於是本家憂之。遣使促歸。且曰若不歸藩。恐朝廷有疑于本藩。禍將不測。于是議論紛起。判成兩黨。一在促歸。一在不歸。迄將一月。議終不決。一日使人招余。余應招而往。兩黨數百之士。充滿藩邸。各述其意。余皆聞之。曰今日所謀之事。實國家之大事也。國家之大事。關夫天數。非可以私心判決者也。不如問諸易占。衆咸以爲是。乃筮得革之豐。

爻辭曰。九五。大人虎變。未占有孚。

斷曰。此卦可謂適切今日之事者也。今日諸君之所論。一欲盡忠於幕府。一欲奉朝命而爲國。非即彖所云二女同居。其志不相得者乎。在僕觀之。卦名曰革。是明示以用革之象。爻爲君位。辭曰大人虎變。大人者。謂應天承運之大人。虎爲百獸之長。變即革也。明示其人爲當革之人。其時爲革之時。時旣當革。安得不應天順人。以應其革乎。諸君之論。半皆泥于仍舊。不知卦象。專在去舊取新。故知仍舊者非。故有慮革之而民弗信。不知二爻三爻。皆曰有孚。當未革而先期其孚。至五則革道已成矣。故曰未占先孚。且經此一革。不特大受信用。且將率天下之民。日進于文明之化。行見重熈累洽。光被四表。即可見於此日也。宜速去此地。以歸本藩。是僕所得天數之占斷也。兩黨之士。聞之皆愕然。無敢出一辭。於是主君大嘉余之占斷。即日整裝而歸。

上六。君子豹變。小人革面。征凶。居貞吉。

象傳曰。君子豹變。其文蔚也。小人革面。順以從君也。

上爻居卦之極。有德無位。必是去位之賢大夫也。故稱君子。豹飾大夫之服。故曰豹變。蓋革之成。始于四。整于五。終于上。是以五之聖君。既得顯虎文之燦。而上之大夫。亦得增豹變之華。小人。細民也。面者。向也。革面者。向化也。言小人皆潛移默化。於光天之下。革面洗心。欣欣然而有喜色也。是之謂小人革面。征凶者。上與三應。上之征凶。亦即三之征凶也。謂大變既定。若復紛更。自取多事。必如湯之昭德建中。惟期裕後。武之修文偃武。不復用兵。是即所謂居貞則吉也。

象傳以文蔚釋之。蔚。深密之貌。豹隱處霧雨。欲澤其身。以成其文。猶言君子相與于文明之治。以增服飾之光也。

(占)問時運。運當全盛。光華顯著。惟宜守成。無事紛更。○問營商。創業以來。有名有利。已臻美備。此後宜知足謹守。○問功名。上居卦之終。功名已極。勸令功成身退。所謂人死留名。豹死留皮也。○問戰征。軍用多取獸名。兜甲虎賁。皆用之以煥其文而揚其威也。上六爻已終。謂戰已定。宜罷兵退守。不可前往。○問婚姻。上與三應。九三陽也。上六陰也。三曰三就有孚。當再三述合。自可成就。吉。○

問家宅。爻位在上。其宅基必高。曰征凶。知遷移不利。曰居貞吉。知居之得安也。

○問失物。物已變革。尋亦不得。○問六甲。生女。

(占例)縉紳某來。請占氣運。筮得革之同人。

爻辭曰。上六。君子豹變。小人革面。征凶。居貞吉。

斷曰。此卦一變舊弊。改進文明之卦也。今占得上爻。曰君子豹變。君子者。謂有德無位者也。豹亦爲隱居之獸。正合貴下退位閒居之象也。想曩時贊襄維新之治。以成虎變之文。貴下固與有功焉。豹較虎而小。虎屬五爻爲君。知豹變即指貴下。貴下之功績既著。文明亦顯。正可相與守成。無事多求。故曰征凶。居貞吉。貴下之氣運如是。正可安享納福。

䷱ 火風鼎

序卦傳曰。革物者。莫若鼎。故受之以鼎。鼎者新命之象。昔禹平水土。九州攸同。鑄九鼎以象九州。歷代寶之。夏亡鼎遷於商。商亡鼎遷於周。故三代革命。以鼎爲重器也。卦自革來。兌互乾金居上。火互巽木居下。有鑄鼎之象。本卦火上木下。木能生火。有烹鼎之象。故其卦曰鼎。

鼎元吉亨。

元吉亨者。巽象曰。小亨。離象曰。利貞。亨。畜牝牛吉。皆不言元。卦下互乾。乾備四德。元亨蓋自乾來。唯乾於四德外。亦不言吉。王弼曰。吉然後亨。程子以彖傳止釋元亨。吉爲衍文。朱子從之。按鼎爲三代革命重器。凡薦神饗賓。莫不用鼎。知器之吉。莫如鼎。用之吉。亦莫如鼎。不得以彖傳未釋。疑其爲衍也。竊意亨則无不吉。彖傳特畧之而已。

象傳曰。鼎。象也。以木巽火。亨飪也。聖人亨以亨上帝。而大亨以養聖賢。巽而耳目聰明。柔進而上行。得中而應乎剛。是以元亨。

凡器莫重於鼎。製器尙象。故曰。鼎象也。卦體下巽上離。離爲火。巽爲風。亦爲木。中互澤水。爨以木火。是鼎鑊烹飪之象。聖人用之於祭祀。烹犢以亨上帝。用之於賓客。大亨以養聖賢。鼎者三足兩耳。卦體初爻下陰爲足。二三四。四陽象中實。爲腹。五陰爲耳。上陽爲鉉。是鼎象也。烹飪者。鼎之用也。下巽順也。上離爲目。五爲耳。有內巽順而外聰明之象。卦自巽來。陰進居五。下應九二之陽。故其占曰元亨。亨帝養賢。是極言鼎之用。巽而耳目聰明。最極言鼎之德。柔進而上行。由巽進離也。離爲明。能明則通矣。得中而應剛。以五應二也。二中實。有實則大矣。是以元亨。此所以耳目聰明。三代盛王。皆以鼎爲寶。豈徒取尋常烹飪已哉。」以此卦擬人事。卦體火上木下。中互金水。金以鑄鼎。鼎以盛水。鼎下以木火炊之。爲之烹飪。是古火食之遺制也。此爲人事飲食之常。不可一日或缺者也。王者以鼎鼐之貴。用以亨帝養賢。而下民則爲承祭歆賓。亦禮所不廢。或椎牛奉祭。感切露霜。或殺雞歡留。情殷信宿。蓋其眞誠之意。有假器而形之者也。按玉篇云。鼎所以熟物器也。說文云。鼎三足兩耳。和五味寶器也。乃知鼎爲調味之具。凡味之變。水最爲始。五味三才。九沸九變。火爲之紀。時徐時疾。無失其理。鼎中之變。精微纖妙。口弗能言。志弗能喻。要其運用無過調火。惟離得烹飪之功。惟巽得緩急之用。離火也。火之功藉木而著。火之用藉水而濟。遇木則生明。遇水則有聲。生明則目可視。有聲則耳可聽。鼎以離爲目。以五爲耳。是內巽順而外聰明也。故曰巽而耳目聰明。柔而上行。中而應剛。鼎有此二德。而鼎所以日用日新。其道乃得大亨也。人事之欲舍舊從新者。皆當取法於鼎焉。

以此卦擬國家。古者鑄鼎象物。協于上下。以承天休。有德者得之。昏德者失之。是鼎以德爲去留。故君子必正位凝命。以保此鼎也。推之調和五味。鼎之用在烹飪也。大武一斛。鼎之尊在亨帝也。盛饌四簋。鼎之隆在養賢也。而能保守此鼎而不失者。則唯在夫德。德足應天。而天愛其亨。德能養賢。而賢受其養。然桀有鼎而遷於商。紂有鼎而遷於周。謂鼎無靈也。而儼有靈矣。鼎無耳而能聽。鼎無目而能視。天下之物。聰明者莫鼎若也。故曰巽而耳目聰明。柔而上行者。由巽而進離。離上炎。故曰上行。中而應剛者。中虛以應二。二有實。故曰應剛。是鼎之所以成鼎。爲帝王所世寶者。在此矣。中天之世。所謂明四目。達四聰。總不外此耳目聰明之用也哉。

通觀此卦。井取用於水。鼎取用於火。故井鼎二卦。爻象相似。蓋井以坎水爲主。下象井而上象水。鼎以離火爲主。下象鼎而上象亨。井汲在上。故坎居上。而上卦多吉。鼎烹在上。故離居上。而上卦亦多吉。二卦居革之間。井革則修。鼎革則遷。鼎者。新也。有王者興。必以鼎爲受命之符。特牲告廟。酒醴饗賓。心之誠。禮之隆。無不以鼎爲重焉。巽而耳目聰明者。即所謂亶聰明。作元后。是也。其命維新。其道大亨。其化則柔而上行。其德則中而應剛。其器也則宗廟亨之。子孫保之。所願萬世有道而不遷也。

大象曰。木上有火。鼎。君子以正位凝命。

木上有火。爲木生火之象。即烹飪之用也。蓋鼎寶物也。三代以鼎相傳。鼎之所在。即天命之所歸。君子所以正位凝命也。位。君位也。命。天命也。君子履中居尊。正位而不使之傾。凝命而不使之渙。是所謂恭己以正南面。篤恭而天下平也。易大象。言天命者二。大有曰順天休命。鼎曰正位凝命。大有以遏惡揚善。故命貴夫順。鼎以亨帝養賢。故命取夫凝。要即中庸所云。大德者必受命是也。

(占)問時運。木上升。火上炎。有日進日上之象。大可成事立業。○問戰征。踐主帥之位。率三軍之命。正有如火如荼之勢。馬到功成。此其時也。○問功名。貴不可言。○問營商。木生火。鼎烹物。得其自然之利。可不勞而獲也。○問家宅。防有祝融之災。宜謹慎。○問疾病。必是肝火上冲之症。宜以洩肝順氣治之。○問婚姻。爻爲相生。鼎爲重器。必是正配。又得内助。○問訟事。火勢正旺。一時未得罷休。宜定心安命。自然得直。○問六甲。生女。

初六。鼎顛趾。利出否。得妾以其子。无咎。

象傳曰。鼎顛趾。未悖也。利出否。以從貴也。

爻體巽爲股。初在股下。故曰趾。上應九四則顛矣。初至五爲大過。大過。顛也。故初爲顛趾。按少牢饋食禮。雍人概鼎。概。滌也。所以去其宿垢。趾顛則鼎倒。而垢自出。否。即垢也。故利出否。出否不得謂悖。爻體三之五。互兌。兌爲妾。鼎爲器。主器者長子。故有得妾以其子之象。主器。是以謂貴。无咎者。蓋因敗成功。以賤得貴也。陸氏希聲曰。顛趾出否。雖覆未悖。猶妾至賤。不當貴。以其子貴。故得貴焉。春秋之義。母以子貴是也。

(占)問時運。有因禍得福。轉敗爲成之兆。○問營商。初次小損。後獲大利。且有商地成家之象。○問功名。有榮封之喜。○問家宅。此宅牆基有壞。修之獲吉。且必出貴子。○問婚姻。宜賦小星。必生貴子。○問疾病。腹有宿積。利在下瀉。无咎。○問六甲。生男。宜於庶出。

(占例)縉紳某來。請占伊夫人之病。筮得鼎之大有。

爻辭曰。初六。鼎顚趾。利出否。得妾以其子。无咎。

斷曰。爻辭爲顚趾出否。是因鼎中有積汚。倒鼎而出之也。論之病體。謂胸有積塊。宜下瀉之。在婦科或有血瘀等患。當破血以下之。不可作懷孕論也。今占夫人之症。得此爻象。知其病在子宮。因房事過度。子宮受損。宿穢未清。急宜調治。用法洗滌。但治療後。防生育有礙。須另覓小星。據爻象必有貴子。可得。縉紳感悟。果蓄妾。而得子。

九二。鼎有實。我仇有疾。不我能即。吉。

象傳曰。鼎有實。愼所之也。我仇有疾。終无尤也。

實者。鼎之實。即爲鼎中之肉。陽爲實。陰爲虛。二爻陽實。位當鼎腹。是鼎有實之象。故曰鼎有實。則可亨上帝。可養聖賢。古之人爵高祿厚。每多不免凶禍。是由仇即我也。二應在五。爲三四兩陽間隔。故曰。我仇有疾。仇者害我者也。疾者。惱我者也。二自守堅固。不相比附。故曰不我能即。人能守正。不正者不能就。所以吉也。鼎之有實。猶人之有才。當愼所趨向。斯不陷於非義。故象傳以愼所之釋之。謂一鼎不能動。則萬夫廢。一心不可動。則萬議息。愼所之之謂也。終无尤也。无尤。乃所以得吉也。又曰疾字。有妬害之義。入朝見疾是也。小人之爲害也。必託爲親愛。以伺其隙。在我旣志潔行芳。嫉我者自無隙之可乘。不能即而害之也。

(占)問時運。運途正直。奸邪自遠。无往不吉。○問功名。實者實獲也。名成之後。多有忌嫉之者。宜愼防之。○問營商。曰鼎有實。即所謂囊有財也。宜防匪人盜竊。○問婚姻。二與五應。五變爲姤。姤曰勿取女。仇。怨耦也。不我即。是不取也。○問家宅。實者。富足之家。防仇人窮伺。○問疾病。陽爲實。是實熱之症。宜對症調治。吉。○問六甲。生女。

(占例)明治十二年。夏。大阪豪商藤田傳三郎。中野梧一兩氏。被疑見拘。護送東京。當時各新聞。怪二氏拘留。喋喋評論。一日有友來訪。請占二氏禍福。筮得鼎之旅。

爻辭曰。九二。鼎有實。我仇有疾。不我能即。吉。

斷曰。鼎爲大器。未易搖動者也。今鼎中有實。是愈重而不可動也。藤田中野兩氏。正當其象。動之者爲司法官。今司法官有疾。不能展其力。則欲動而卒不能動也。是謂我仇有疾。不我能即。兩氏之獄。想即日可解脫也。既而果然。

○一日友人某來曰。近日有氷人來。爲余說親。請占此女娶之如何。筮得鼎之旅。

爻辭曰。九二。鼎有實。我仇有疾。不我能即。吉。

斷曰。鼎有耳目聰明之象。又內卦巽爲長女。其色白。外卦離爲明。爲麗。其女必有才智。且有美色。然曰鼎有實。恐胎已有孕。則有外遇可知也。至此女有妊。兩親必未之知。即氷人亦必不知也。足下毋須道破。婉言辭之可也。某果善辭謝之。後聞此女所嫁。即爲外遇情郎。未匝月而產。後某每面予。談論此事。贊易理之靈妙也。

○明治三十一年。占英國與獨國交際。筮得鼎之旅。

爻辭曰。九二。鼎有實。我仇有疾。不我能即。吉。

斷曰。鼎爲調五味之器。能使味之不和者。終歸於和也。今占英獨兩國交際。得鼎之二爻。二與五應。當以二屬獨。以五屬英。二五陰陽相應。可見英獨相親。但爲四爻障礙其間。故兩國意志不能相通。必待四年後。四爻障礙退去。兩國自得相親也。象傳所謂愼所之之言。當謹持其向往。終无尤。自可得免其讐害。按英國以多年積累之功。建成覇業。孛國先帝維廉。聯合比隣小國。征諾威墺地利。克服佛國。因此構怨於墺佛兩國。恐兩國潛圖復讐。欲借獨國之勢。聯絡保護。是以不得不結好於獨也。此兩國交際上之密意也。

九三。鼎耳革。其行塞。雉膏不食。方雨虧悔。終吉。

象傳曰。鼎耳革。失其義也。

毛西河云。凡鼎旣實。則以鉉貫耳。扛近食前。儀禮所謂扃鼎是也若未實。則撤鉉脫耳。謂之耳革。凡物皆以足行。唯鼎以耳行。耳革則不能舉之而行。故曰其行塞。上離爲雉。下巽爲雞。雞亦雉類。雉入鼎烹。故曰雉膏。雉膏食之美者也。鼎之行既塞。雉膏雖美。人不得而食之矣。三動成坎。坎爲雨。初之三爲睽。睽上曰。遇雨則吉。睽上互坎。雨皆取象於坎耳。方雨。乍雨也。雨之潤者。謂之膏雨。喻言雉膏之芳潤也。坎爲破。亦爲悔。故曰虧悔。謂有此美味。而不得食。舉鼎者能無悔乎。悔則思變。將耳之革者不革而行之。塞者不塞。始雖悔。終則吉矣。古帝王鑄鼎象物。以爲世寶。鼎因一成而不易。舉鼎之制。亦一成而不改。今欲以舊鼎變新鼎。妄革其耳。率至一步不能行。故曰失其義也。井鼎九三。皆居下而不用。井三井渫不食。鼎三雉膏不食。君子能調和其食。而不能使人之必食。此卦三雖欲革耳。五能以金鉉實之。雖始有悔。終乃得吉也。

(占)問時運。運非不佳。但妄意變改。以致所行輒阻。是以有悔也。〇問功名。目下雖美不售。改就他途。反多災悔。〇問營商。業有改遷。致貨物呆滯。須俟三年後。可復興也。〇問戰征。兵隊有變。恐糧食被刼。〇問家宅。此宅兩廂房。防有變動。

或有火災。遇雨得救。〇問婚姻。恐有悔婚改適之變。所謂失其義也。〇問六甲。生女。

(占例)明治二十年春。晤某貴顯。偏論在朝諸公。余曰若某公者。今年可登顯秩。貴顯曰。子何知之。余曰。余每年冬至日。占問在朝諸公運氣。故得知之。某公今年運當鼎之未濟。

爻辭曰。九三。鼎耳革。其行塞。雉膏不食。方雨虧悔。終吉。

斷曰。三爻以陽居陽。才力俱強。與四相比。四爻亦陽。兩陽故不相親。三以位不得中。與五亦不相應。故耳革而不能受鉉。遂致淹塞而不行也。雖鼎中雉膏之美。終不得而食之。喻人有濟世之才。無以舉之。終不能展其抱負也。方雨者。如大旱得雨。足慰民望。民之待澤。無異旱之待兩。所謂斯人不出。如蒼生何。故始之悔虧。終乃得吉也。某公今年運途。其象如此。是以知其必得升用也。但嫌三爻陽剛過甚。太剛必折。防有不測之災。某貴顯聞之。深感易理之妙。後某公果升封伯爵。榮擢顯要。翌年某公。猝遭暴變。致有刖足之患。應在四爻鼎足折之兆。

九四。鼎折足。覆公餗。其形渥。凶。

象傳曰。覆公餗。信如何也。

鼎三足。象三公。案九四辰在午。上值紫微垣。三師。隋百官志曰。三師之不主事。不置府僚。與天子坐而論道。蓋貴戚近臣也。四下與初應。初爲趾。體大過爲顚。四震爻。震爲足。上互兌。兌爲毀折。故初之趾顚。至四則足折矣。鼎之所以安定不動者在足。足折則鼎倒。凡二之實。三之雉膏。皆爲之傾覆矣。故曰覆公餗。餗。釋文以爲饘。周禮以爲糝。要皆爲鼎實而已。形渥。鄭作刑剭。案司烜邦若屋誅註云。屋讀如其刑剭之剭。謂所殺不于市。而以適甸師氏者也。蓋就屋中刑之也。服虔云。周禮有屋誅。誅大臣于屋不露也。四位比近五。蓋謂大臣。鼎之折足。喩言臣下曠官。君視臣如手足。足折則臣道失矣。誅之于屋。凶之極也。象傳曰。信如何者。言四不勝其任。咎有自取。無可如何也。

(占)問時運。運途顛覆。小則損折。大則刑戮。甚爲可懼。○問戰征。有損兵折將之禍。○問功名。未成者難望。已成者必敗。○問營商。貲財覆滅。且有身命之憂。○問婚姻。必男女均有足疾。且於家道不利。○問家宅。有棟折榱摧之患。○問疾病。必是足上患瘡。難保完體。○問訟事。凶。○問六甲。生女。防有殘疾。

(占例)明治十五年七月。朝鮮國京城內變。殺戮大臣。幷逐我公使。蓋由其大院君之唆使也。飛報達我國。朝野爲之騷然。某貴顯過舍。請占筮得鼎之蠱。

爻辭曰。九四。鼎折足。覆公餗。其形渥。凶。

斷曰。鼎三足。象三公。折足則三公有變。正今日朝鮮之謂也。四位近五。是爲君之近臣。有專攬大權之象。繫辭傳所謂德薄而位尊。知小而謀大。力小而任重。鮮不及矣。大院君當之焉。覆公餗者。餗。鼎之實也。足折。則鼎中之實。傾覆無餘。言朝鮮變起。其府庫之貲財。必皆耗散矣。其形渥者。形渥讀作刑剭。謂重刑也。大院君以君父之尊。縱得免刑。恐遭幽辱。四爻變則爲蠱。蠱者惑也。三虫在皿。有互相吞噬之象。是即開化守舊事大三黨。互相軋轢而起釁。幸朝鮮當陛賢明得九二賢臣相輔。不至覆國。幸矣。賁顯聽之。唯唯而去。後大院君果爲清所幽。國王親政。

六五。鼎黃耳。金鉉。利貞。

象傳曰。鼎黃耳。中以爲實也。

五偶畫居鼎端。象鼎耳。鼎上卦離。離爲黃。故曰黃耳。鉉與扃通。所以貫鼎而擧之也。按鼎之制。天子飾以黃金。諸侯白金。五爲君位。宜用金鼎。故鉉爲金鉉。利貞者。鼎爲國之重器。利在正固而不動。擧鼎者。亦當以正固之心臨之。使无顚覆也。挈一鼎者聽於耳。挈天下者聽於君。耳爲一鼎之主。猶君爲天下之主也。

象傳曰。中以爲實者。中。謂鼎耳中虛。貫鉉則可擧。而鼎之實乃有以亨上帝養聖賢。是二三四實在鼎腹。五之實。上鼎耳也。

(占)問時運。運途貴重。貞守得福。○問功名。大貴之象。○問營商。信息明亮。販運便捷。可獲厚利。○問戰征。防有洞胸貫耳之災。○問婚姻。黃耳金鉉。貴兆也。主聯姻貴族。○問家宅。富貴之家。○問六甲。生女。

(占例)某商人來。請占氣運。筮得鼎之姤。

爻辭曰。六五。鼎黃耳。金鉉。利貞。

斷曰。鼎者國之寶器。其用則能調五味。以供饔亨也。今足下占商業。得鼎五爻。觀爻辭之意。謂鼎有耳。必貫以鉉。可以舉動。喻言商業有利。必得其術。可以謀獲。黃耳金鉉。珍貴之品。喻言其利之厚也。足下得此爻。財運盛大。正可喜也。

○明治三十一年。占改進黨氣運。筮得鼎之姤。

爻辭曰。六五。鼎黃耳。金鉉。利貞。

斷曰。鼎之樞紐在耳。耳之樞紐在鉉。挈其樞紐。雖九鼎之重。可以舉而行也。今占改進黨進步。得鼎五爻。曰黃耳金鉉。鼎耳有鉉。則鼎可扛。喻言黨中必有首領。則黨議可行也。按改進黨。素與自由黨不協。今茲兩黨連合。得竝入于議會。是以能達其意旨。可謂得其樞紐者矣。但其事要以正為利耳。不正則終有不利。爻辭詳明親切如此。後兩黨果以聯合。得竝立于政府。然兩雄不竝立。未既又因兩相猜疑。遂生傾軋。四閱月而復罷斥。此在不審利貞之旨也。

上九。鼎玉鉉。大吉。无不利。

象傳曰。玉鉉在上。剛柔節也。

上居外卦之極。一陽橫亘于鼎耳。有鉉象。玉之爲物。其性堅剛。其色温潤。上以剛居柔。其德似之。故以玉爲鉉。或謂上處卦外。是爲就養之聖賢。而無位者也。按鼎之飾。各有品級。天子黃金。諸侯白金。大夫銅。士鐵。五曰黃耳金鉉。此爲天子之鼎。上無位。特以玉鉉別之。集解引干寶曰。玉又貴於金者。是其旨也。象傳曰。玉鉉在上。剛柔節也。上謂在六五之上。節者。適均之意。言上與五。金玉相配。剛柔相濟。得以成鼎養之功。故大吉。无不利也。

(占)問時運。温潤和平。无往不利。○問戰征。六師既張。進无不克。大吉。○問功名。位超鼎鉉。大吉。○問營商。美玉待沽。其價必善。无往不利也。○問婚姻。如金如玉。大吉。○問家宅。此宅地位甚高。大吉。○問疾病。恐是耳痛之症。○問六甲。生女。

(占例)縉紳某來。請占氣運。筮得鼎之恒。

爻辭曰。上九。鼎玉鉉。大吉。无不利。

斷曰。鼎以火爲用。下象鼎而上象烹。其功用在上。故上卦多吉。今足下占氣運。得鼎上爻。象爲鼎鉉。鼎重器也。玉。寶物也。以玉飾鉉。以鉉扛鼎。則鼎可舉。而養可及於天下矣。喩言人得其運。則運亨時來。剛柔相濟。所作所謀。无不大吉大利矣。

☳☳ 震爲雷

震字从雨。辰聲。說卦曰。動也。雜卦曰。起也。卦體二偶爲坤。一奇爲乾。坤陰在上。乾陽在下。陽伏而不能出。陰迫而不能烝。於是乎震。是所謂雷出地奮也。故其卦曰。震爲雷。

震亨。震來虩虩。笑言啞啞。震驚百里。不喪匕鬯。

說卦曰。萬物出乎震。震東方也。按說文。東。動也。陽氣動物。於時爲春。春爲四時之始。是即乾元之始而亨者也。故曰震虩虩。恐懼也。啞啞。和樂也。震爲笑。亦爲言。謂震之發而爲怒。則可懼。震之發而爲喜。則可樂。故曰震來虩虩。笑言啞啞。震爲諸侯。諸侯受地百里。震又爲驚衛。故曰震驚百里。震爲鬯。鬯。祭器。匕。按詩有捄棘匕。註。以棘爲匕。所以載鼎肉。升諸俎也。謂當承祭之時。心存誠敬。雖有迅雷驟作。不能奪其所守。故曰不喪匕鬯。

彖傳曰震亨震來虩虩恐致福也笑言啞啞後有則也震驚百里驚遠而懼邇也出可以守宗廟社稷以爲祭主也

震體本坤靜極生動乾以一陽來爲坤二陰所掩奮激而出其象爲雷其德爲動陽氣奮發通達無阻故曰震亨震有二義震在人者爲恐懼震在天者爲震驚所謂迅雷風烈必變雖聖人亦時凜天威是即昭事上帝聿求多福之誠故曰恐致福迨至雷止氣和萬物得生人心亦爲一快神清體適言笑宴宴不改其常所謂言而世爲天下則也故曰後有則也一曰震得乾元後有則者即乾元用九乃見天則亦通總之虩虩啞啞上天以威福竝行聖人以憂樂相感不傷天地之和自得生成之樂蓋虩虩者應乎震也啞啞者得其亨也震驚百里者謂雷聲聞百里雷之出地邇而聞聲者遠遠尙畏懼邇更警惕也震爲長子足以主器出者君也謂君出而長子得以守宗廟社稷以爲祭主祭主夫敬長

子肅宮雍廟。雖當事變猝來。要不失奉鬯執匕之誠也。此皆處震之道也。聖人亦法天而已矣。

以此卦擬人事。玉藻云。若有疾風迅雷甚雨。則必變。雖夜必興。君子恐懼修省。無時不敬。而遇變則尤加謹。若小人平居放逸。本无虩虩震驚之意。一旦雷霆震怒。聞聲畏悚。不能自持。甚至一擊亡命者。亦間有之。又安望恐以致福哉。蓋震雖爲天道之變。而實由人事所自召。天未嘗於聖人而加寬。亦未嘗於常人而加厲。惟震來而能致其敬。斯震退而不改其常。則啞啞之樂。亦即從虩虩而來。遇變而可以求福者。處常而即可以爲則也。地有遠邇。敬無先後。故曰驚遠而懼邇也。震者動也。動必有靜。震者起也。起必有伏。是即人事動作起居之要旨也。人事之大。莫大於敬神格祖。奉鬯舉匕。一一以誠心將之。而不敢隕。時有變而心則定。事可懼而神則安。非中心誠敬。烏能如是哉。

以此卦擬國家。帝出乎震。震者乾之長子。足以代君父而宣威賜福也。天震爲雷。帝震爲怒。洪範所謂帝乃震是也。昔武王一怒而天下安。此即震亨之義。震爲威。震亦爲仁。上天雷霆奮作。而雨澤隨之。一時群陰攝服。百物暢生。凛其威者。魂飛而膽落。被其恩者。食德而飲和。是虩虩啞啞之象。其即由此而形也。聖王體乾出治。能令群黎畏其威。亦必令群黎懷其德。諸侯之封地百里。威德所暨。始於百里。訖于四海。所謂近悅遠來。誠有不限於方隅者矣。震于四時爲春。于五行爲木。一秉天地之生氣。天地以好生爲德。王者以愛物爲心。巍巍蕩蕩之德。即在兢兢業業之中。可以爲下民造福。亦可爲後世垂則也。守宗廟社稷者。人君之事。君出則長子主器。雖未成爲君。即可承君父之德位。以爲祭主。正義。謂即釋不喪匕鬯之義。

通觀此卦。此卦次鼎。序卦傳曰。主器者莫若長子。故受之以震。器者。鼎也。革命既定。必建長子。繼體承乾。故曰主器。此震之所以承鼎也。震得乾元剛陽之氣。應時迅發。其威怒一擊者。天行之健也。其發育羣生者。資始之德也。故聖人以兢業爲无爲。以好生爲神武。虩虩啞啞。理本一致。以虩虩者凛天威。而心不敢肆。以啞啞者承天德。而氣得其和。是即震雷春發秋藏之旨也。上互坎。坎爲憂。

故有恐懼之象。下互艮。艮爲順。故有和悅之象。艮爲宗廟。爲社稷。故有宗廟社稷之象。震爲出。爲守。故曰出可以守。震爲祭。故曰爲祭主。震之爲卦。由鼎出震。鼎取其新。是靜而變動。由震反艮。艮取其止。是動而變靜。動者聲聞百里。靜者敬主一心。是以可致福。可垂後。可驚遠。可懼邇。可以守。可以祭。而不至喪失也。謂能善處夫震者矣。至六爻之義。各應其時。初秉一陽。爲震之主。二至巽。爲春夏之交。雷始發聲也。三至離。四至坤。五至兌。上至乾。陽氣伏而震道終焉。其爻皆兩兩相對。初與四對。初乘剛。四溺柔。故四之泥。不如初之吉。二與五對。二喪貝。五有事。故二之勿逐。不如五之无喪。三與上對。三蘇蘇。上索索。故上之征有凶。不如三之行无眚也。大抵處震之道。以恐懼修省爲主。除初爻之外。皆不得處震之道。故象傳之辭。惟初得專之。

大象曰。洊雷震。君子以恐懼修省。

洊者。再也。上下皆震。故謂洊雷。猶坎之曰習坎也。雷者天地威怒之氣。陰陽薄擊之聲。令人聞而悚然色動。非僻之念。爲之一消。故震來虩虩。无不恐懼。然恐懼在一時。修省則在平日。君子無時不敬。當震而加謹。即震退而返省自脩。不敢或懈。喜怒哀樂。皆與天準。惟恐檢身不及。致于天變。故以心存恐懼者。仰凜天威。亦以行加修省者。敬承天道。謂之君子以恐懼修省。

(占)問時運。運當發動。防其過盛。宜謹愼歛抑。可免喪失。○問戰征。有連日接戰之象。須臨時知懼。○問營商。震雷出滯。滯者積滯也。謂積滯貨件。一時皆得出而消售。象曰。洊雷震。知有一二番好賣買也。○問功名。雷者升發之氣。洊雷則有連捷之象。○問家宅。宅基防有動作。上爻曰于其隣。必近隣有興造之役。宜祭禱。○問婚姻。震爲長男。旁通爲巽。巽長女。佳偶也。○問疾病。是肝木太盛之症。防有變動。可懼。○問六甲。生男。○問失物。一動乃見。

初九。震來虩虩。後笑言啞啞。吉。

象傳曰。震來虩虩。恐致福也。笑言啞啞。後有則也。

虩虩者。驚顧之狀。啞啞者。笑語之聲。初爻以陽居陽。得乾之剛。爲成卦之主。故得係彖之辭。謂能臨事而懼。後事而樂。虩虩啞啞。任天而動。與時偕行。所謂時然後笑。時然後言。啞啞之中。仍不忘虩虩之意。爻辭添一後字。其旨益明。吉卽謂致福也。凡天下之理。宴安每多召禍。危懼自能致福。象傳曰恐致福。謂恐懼戒愼。可以轉禍而招福也。又曰後有則。則卽乾元之天則。謂樂得其時。是能與天合則也。此爻變則爲豫。豫者樂也。亦有笑言啞啞之象。爻中震有二義。初四兩爻。皆以陽震陰。爲震動之震。二三五上四爻。皆受震者。爲震懼之震。

(占)問時運。好運新來。萬事皆可振作。先難後易。先憂後樂。百般獲吉。○問戰征。初時敵勢奮勇。可懼。後得勝捷。可喜。○問營商。商業新興。百般可懼。待經營成就。既獲利益。隨時歡樂。无不得吉。○問功名。諺云吃甚苦中苦。方爲人上人。自有先難後獲之象。○問家宅。此宅防有變動。其象爲先號後笑。可以无咎。○問婚姻。此婚始有憂懼。後得歡樂吉。○問疾病。先危後樂。勿藥有喜。○問六甲。生男。

(占例)友人某來。請占氣運。筮得震之豫。

爻辭曰。初九。震來虩虩。後笑言啞啞。吉。

斷曰。震者雷霆之氣。奮出地中。鼓舞元陽。發生萬物。震來者。動而乍來也。虩虩者。聞其聲而懼也。啞啞者。被其澤而悅也。卦當春夏之交。爲雷乃發聲之時也。今占得初爻。知足下時運。正得春氣透發之象。奮身震作。大可有爲。萬事始起。保尤險難。所當謹愼恐懼。以圖厥始。其後坎險悉平。自得言笑之樂。此爻動體爲豫。所謂凡事豫則立者此也。且豫者悅也。亦有笑言啞啞之象。吉可知也。後果如所占。

○某來。請占目前米價輸贏。筮得震之豫。

爻辭曰。初九。震來虩虩。後笑言啞啞。吉。

斷曰。爻辭曰震來虩虩。知一時米價變動。大有陡漲陡落之勢。輸贏頗巨。大爲可懼。足下占得此爻。知現市米價。足下必大受驚恐。須待震定價平。足下自可得利。笑言啞啞。樂何如也。後果如此占。

六二。震來厲。億喪貝。躋于九陵。勿逐。七日得。

象傳曰。震來厲。乘剛也。

二得坤體。居內卦之中。震來者。與初爻辭同。威聲急激。故曰厲。億歎辭。坤東北喪朋。震東方。震出則坤之朋喪。二貝爲朋。喪朋。即喪貝也。古者十朋五貝。皆用爲貨。是貝爲重貨。震爲陵。初居陽九。故曰九陵。二據初之上。故曰躋於九陵。震爲逐。坤喪其貝。震二逐之。不知窮通得失。自有定數。逐之而得。不逐亦未始不得也。故曰勿逐。震下坤上爲復。復曰反復其道。七日來復。謂陰陽之數。各極于六。至七則相對而衝。之則反。反則喪於前者。可復得于後也。故曰七日得。是復之內卦。本爲震也。復曰朋來无咎。朋即爲貝。來即爲得。象傳以乘剛釋之。謂六二陰柔。下乘初爻之剛。以致喪其資貝。故有震來厲之危。

(占)問時運。運途巇險。不無喪失。幸可復得。○問營商。得失相償。然亦危矣。○問功名。既得患失。既失患得。品亦卑矣。○問戰征。一受驚恐。糧餉俱失。移營高阜。

危殆已極。幸而得之。未爲勝也。○問婚姻。主夫妻不睦。防有捲資潛逃之患。無須追究。緩即來歸。○問家宅。防有凶盜刼掠之禍。所失尚可復得。○問疾病。疾勢頗危。七日後可愈。○問失物。不尋自得。○問六甲。生男。

(占例)知友益田孝氏。舊幕臣也。嘗留學佛國。歸爲騎兵指圖役。時競議攘夷。洋學之徒。屢及暴擧。氏乃避地橫濱。余聘爲通辯。明治元年五月。氏不告而遁。余深憂之。爲卜一課。筮得震之歸妹。

爻辭曰。六二。震來厲。億喪貝。躋于九陵。勿逐。七日得。

斷曰。此卦初爻之雷。起而奮擊。二爻爲雷所震驚。畏難而遁高邱之象。謂之震來厲。億喪貝。躋于九陵。震者。東方之卦。必在東京。大受驚恐。遂致捨財遠遁。七日之後。當必歸來。一時衆人。聞此占辭。疑信參半。後益田氏果七日而歸。問之乃知爲上野戰爭。官軍警備嚴密。氏不得已。迂道而遁。爻辭之言。一一如見。

○華族隱居某君來曰。今因有切要之事。吉凶未定。請幸占之。筮得震之歸妹。

爻辭曰。六二。震來厲。億喪貝。躋于九陵。勿逐。七日得。

斷曰震爲長子主器卦象上下皆震是必兄弟有變爲競爭家督之象觀君相貌魁梧年未三十已稱隱居必由家政多故迫而退隱不言可知也今占得二爻二被初剛所震致喪其貝初在二下知必臣下所困退位間居避地於邱陵之間故曰震來厲億喪貝躋于九陵暫宜安分隱忍切勿遽事紛爭以致決裂要之理有循環事有更革當必可失而復得也故曰勿逐七日得七者數之一週遲則七年速則七月定數不可違也某氏太感曰予之舊藩地在南海道予庶出爲長予季少予二歲嫡出也維新之際嚴君病歿予以年長繼承家政後予遊學橫濱少不自檢舊臣遂以是爲口實迫予退隱歸弟承緒予舊領地有滿淹鑛因以資本不足勸予出資合業余謀諸東京橫濱商人借得高利之金若干不料鑛產微薄大受耗拆因此涉訟頃者貸主以爲當時借證祇稱華族未稱隱居逼索益甚究不審歸何斷結今聞足下占詞謂失者可以復得不覺聞而心喜

六三震蘇蘇震行无眚

象傳曰。震蘇蘇。位不當也。

蘇蘇。正義謂畏懼不安之貌。蓋較初虩虩而更覺不安也。三當內外之交。內卦之震未止。外之震又來。天之雷。愈震而愈厲。人之心。亦愈震而愈懼。恐懼修省。無可暫息。一念之肆。災咎乘之矣。震爲行。震以繼震。行乃無咎。蓋天以震警人。人即當震承天。承天而行。眚自无焉。象傳曰位不當也。夫人之處世。安能時位皆得其當。惟其不當。一經震動。更宜加謹。斯可免害也。

(占)問時運。運途不當。宜謹益加謹。謹愼而行。必无災咎。○問營商。銷路不得其當。宜改行別路。可免耗失。○問功名。位不當。謂才不勝任也。雖得亦危。○問戰征。震卦全體。皆處危懼之地。蘇蘇。謂死而重生。此戰難望獲勝。僅得逃生而已。○問婚姻。門戶不當。○問疾病。雖危得以重生。○問六甲。生男。

(占例)余向例以冬至日。占卜諸事。明治二十五年冬。占問攝綿土製造社運。筮得震之豐。

爻辭曰。六三。震蘇蘇。震行无眚。

斷曰。爻至三而震益厲。在人事必有大驚之象。論該社造品。製法精美。社中職工。亦各安其業。似無意外驚恐之事。今占得三爻。玩厥爻辭。殊深恐懼。不料是年十一月間。濃尾之間。震災大作。社中烟竈。頓時破裂。職工傷者數名。此災爲三十年來所未有。當時得此爻辭。曾不知災從何來。今災後思之。益歎鬼神之有前知也。

九四。震遂泥。

象傳曰。震遂泥。未光也。

遂者。往而不返之意。泥者。陷而不拔之象。四爲外卦之主。上體互坎。介處坤中。坤爲泥。坎爲雨。坤土得雨。爲泥塗。故曰震遂泥。謂其震也。經一鼓再鼓三鼓之餘。陽威已竭。如陷入汙泥之中。而不能自拔。君子恐懼修省。故於四尤凜凜焉。象傳以未光釋之。四本與初應。四之卦體。即初之體也。然不能如初之體乎乾元。乾爲光。初得之。四則乾陽已息。故曰未光。亦爻位爲之也。

(占)問時運。正運已過。精力既衰。雖欲振作。終覺致遠恐泥也。○問戰征。戰爭之交。所謂一皷作氣。至三至四。則勇已衰。若鹵奔前進。防車馬陷入泥淖。被敵所困。○問營商。商業亦佳。但揮財如泥沙。恐終不能積蓄也。○問功名。有曳尾泥塗之象。宜退不宜進也。○問婚姻。遂則必遂。唯相隔如雲泥。或名分有上下之別。或道路有南北之分。○問疾病。必中焦有食積泥滯。致腹鳴作痛。藥宜開通下焦。○問家宅。此宅爲門前積土成堆。屋中溝道。亦多不通。致陽氣閉塞。不利。○問六甲。生男。

(占例)友人某來。請占氣運。筮得震之復。

爻辭曰。九四。震遂泥。

斷曰。震卦爲長子克家之象。一爻爲一世。至四爻則嗣續既久。世澤已衰。凡厥後人。一不自檢。必至漸即慆淫。墜落先業。有如身陷汙泥之中。進退不能自由。復何能光大前烈哉。爻象如是。足下宜恐懼修省。務自奮勉。後聞某氏。自知才力不足。讓業退隱。以自娛樂。

六五。震往來厲。億无喪。有事。

象傳曰。震往來厲。危行也。其事在中。大无喪也。

卦例自內而外曰爲往。自外而內曰來。五處外卦之中。內震乍往。外震又來。故曰往來厲。二與五應。故爻辭亦相似。有事。謂祭事。春秋。有事于大廟。有事于武宮是也。五居尊位。秉中德。此心兢業。常如承祭。故能无喪有事。虞氏謂无喪。即彖之不喪匕鬯。按祭儀。主祭助祭。皆欲有事。无喪者。不喪其所執之事。不必專指匕鬯而匕鬯要亦在其中矣。象傳曰。危行也。震爲行。行至於五。迭經往來。皆在震中。其心危。故行亦危也。又曰大无喪也。國之大事。在祭與戎。五動體爲隨。隨上曰用享。初之五爲萃。萃彖曰假廟。皆大事也。故曰大无喪。

(占)問時運。運得中正。雖經歷多險。終可完成大事。○問營商。販貨往來。保无危厲。十萬曰億。財利甚巨。或小有挫損。大必无喪也。○問功名。此功名必從患難來。可占大用。成大功。○問婚姻。防婚姻完後。家有祭葬大事。○問家宅。此宅有厲鬼爲祟。幸不喪人。宜祭禱之。○問訟事。兩造皆危。得中人調劑。可不至敗。○問失物。小數難覓。大件无損。○問六甲。生男。主貴。

(占例)友人某來。請占承嗣者氣運。筮得震之隨。

爻辭曰。六五。震往來厲。億无喪有事。

斷曰。震者。爲長男繼續父業之卦。卦體四陰在上。二陽在下。是陽爲陰制。二陽奮而欲出。故震其家必向以女主專權。今震而至五。則陽氣已壯。正可出而任事。雖初至五。往來之途。備嘗危厲。惟其恐懼修省。兢兢業業。无忝厥宗。所謂宗廟享之。子孫保之。正在此也。故曰无喪有事。後果遵此占。

上六。震索索。視矍矍。往征凶。震不于其躬。于其鄰。无咎。婚媾有言。

象傳曰。震索索。中未得也。雖凶无咎。畏鄰戒也。

索求也。索索者。內外搜求也。矍顧也。矍矍者。左右驚顧也。震至上而已極。五爲尊位。上則爲宗廟社稷。神明之所至。震而在上。如史所書震太廟。震正殿。是必愆之大者。其可懼可畏。不有更甚者乎。由是而索求其天怒之所由來。中心惻惕。甚至顧視徬徨。驚疑不定。惟宜恭默省愆。謹益加謹。若復躁動前往。凶可知也。故曰征凶。其躬者。上之躬。上與五相鄰。其鄰指五也。五爲祭主。居尊任重。索矍之所集也。故曰不于躬。于其鄰。君子恐懼修省。不以震在鄰而或懈。正以震在鄰而愈虔。畏與戒相循。故雖凶无咎。婚媾有言者。即象傳笑言啞啞之言。上爲震之終。君子夕惕朝乾。反躬內省。至震之終。而得告无咎。當此震威既霽。懼盡歡來。啞啞有言。凡在婚媾。亦得則君子之言以爲言。所謂一家之中。憂樂相同。亦君子刑于之化所致也。此即象傳虩虩啞啞之全義。特於上申言之耳。

(占)問時運。時當震驚將定。妄進則凶。靜守則吉。〇問功名。位高必危。正宜退守。可保无咎。〇問營商。變動已定。不可過貪。見他人虧折。更宜謹守。乃得无咎。〇問戰征。時本一戰可定。聞鄰近營隊有變。急宜往救。不得坐視。〇問婚姻。震與巽有夫婦之象。想近時即有媒妁來言。〇問家宅。震於其鄰。恐鄰宅有震動之象。无咎。○問疾病。病由心魂不安。致目視不明。宜靜養。此人无礙。隣人有病。恐難挽也。○問六甲。生男。防有目疾。

(占例)明治十八年某月。友人茂木充實氏。偕其友山田五郎來。謂曰。此人舊事幕府。明治元年上野之役。東軍敗走。一家脫走。赴奥州磐城平。以双親幷妹。託諸友人。率弟赴仙臺。歷戰磐城相馬駒峯等處。後仙臺藩歸降。竝爲俘虜。下獄東京。既而遇赦。乃往磐城平。尋訪双親與妹。所托友家。亦不知何去。失望而歸。遺憾莫釋。請一筮以卜所從。筮得震之噬嗑。

爻辭曰。上六。震索索。視矍矍。往凶。震不于其躬。于其鄰。无咎。婚媾有言。

斷曰。震屬東。互卦爲坎。坎屬北。就我國輿圖而論。東北之方。爲宮城岩手青森等縣。意者其在此乎。震得乾之一索而成男。震男既長。乾坤退位。想老親必俱亡矣。震之中虛成離。離再索得女。離者。離散也。想其妹雖離。尚在也。上爻爲無位之地。其地必在邊僻。爻辭曰。震索索。謂遍處搜索。未必能得。視矍矍。謂雖或得遇。有相顧驚駭。不能相認。不于其躬。于其隣者。想必于隣近之處。得其婚媾者。而傳言蹤跡也。余就爻象探索之。其方向情節如此。噫。君之二親不可見。妹則必可遇也。於是其人大感曰。豐後婦人。有天德氏者。能豫言未來吉凶。曾往叩之。彼曰急索不得。緩尋可見。問其地曰在東北。地名落合。然終不詳其處。今足下占斷。語亦相同。當再就東北往探。

○明治二十八年。占我國與朝鮮交際。筮得震之噬嗑。

爻辭曰。上六。震索索。視矍矍。征凶。震不于其躬。于其鄰。婚媾有言。

斷曰。震爲動。爲興。本有動衆興兵之象。上爻爲卦之終。即爲事之極。今占我國與朝鮮交際。而得上爻。爻辭曰。震索索。視矍矍。征凶。蓋朝鮮之國土。久爲外邦所要索。朝鮮之國勢。早爲外邦所疾視。循是以往。不知改圖。其國必凶。故曰征凶。朝鮮因與清隣。有事于朝鮮。當先有事於清。謂之震不于其躬。于其鄰。在清以朝鮮爲屬國。猶婚媾也。若遽與朝鮮爲難。清必出而有言。謂之婚媾有言。象傳曰。震索索。中未得也。謂清未能有得。又曰雖凶无咎。畏鄰戒也。謂我國能令清國畏威。即可爲朝鮮警戒。故雖凶无咎焉。

增補高島易斷

䷳

艮爲山

艮二陰一陽。得地之體。以坤之上畫。變而成乾。故得乾最上之一陽。乾爲天。天本動也。天之最上爲於穆。動極而靜。故爲止。一陽高踞於坤地之上。故象山。卦與震反。震一陽內起。艮一陽外塞。起於內則動。塞於外則止。序卦傳曰。震者動也。物不以終動。止之。故受之以艮。艮止也。此艮之所以繼震也。

艮其背。不獲其身。行其庭。不見其人。无咎。

艮之卦一奇巍然居上。二偶分列在下。一奇居上。象人首。二偶分列。象人身。凡人自首以下。前面眉目手足。皆二偶。惟背脊直下成奇。故眉目手足。皆動。惟背不動。不動爲艮。艮止也。故曰艮其背。夫人必面相對。乃爲相見。艮其背。則相背而不相見。背在後。身在前。故曰不獲其身。艮爲門庭。心相背。行亦相背。相背則不相遇。不相遇。必不相見。故曰行其庭。不見其人。義皆取諸背也。

彖傳曰。艮。止也。時止則止。時行則行。動靜不失其時。其道光明。艮其止。止其所也。上下敵應。不相與也。是以不獲其身。行其庭。不見其人。无咎也。

此卦上下皆山。有兩山竝峙之象。兩山竝峙。不相往來。此止之象也。人但見靜爲止而動爲行。不知靜有靜之止。動亦有動之止。止爲止。而行亦爲止。所者。止之有定者也。時者。止之無定者也。止得其時。時即止之所。無定而實有定也。艮三上之陽。即乾三上之陽。乾三曰與時偕行。乾上曰與時偕極。靜翕動闢。其時本亘古不失也。天之時不失。即天之止得其所。是故可以止。可以行。可以動。可以靜。無纖芥之翳。而爲光明之宗也。人能止乎其所。則以人合天。其心體自然光明。而無有障蔽矣。是即大學明德之旨。由知止。歷定靜。以至能慮而得。自能與時消息。以明明德之體。發而爲明明德之用。固非釋氏虛無寂滅之教所得假託哉。上下敵應。不相與者。凡應必一剛一柔。若俱剛俱柔。則爲敵應。敵應即爲無應。八純之卦。皆六爻不應。而獨於艮言之。以艮象山。止于所止。屹然對峙。兩不相交。得止之義焉。按韻會。身北曰背。背者爲耳目所不載。故內不見身。外不見人。是以不獲其身。行其庭不見其人也。以其不相與而止。止无咎也。

以此卦擬人事。彖傳曰背。曰身。曰見。皆取象於人身上。曰行。曰止。曰動。曰靜。則不外夫人事也。人事有由動入靜者。有由靜入動者。由靜而動者震也。震二陰在上。一陽發於下。陽動也。由動而靜者。艮也。艮二陰在下。一陽踞於上。陽止也。陽止者靜而无靜。動而无動。亦非无靜也。非无動也。時而動。時而靜。可以止則止。可以行則行。是以動靜貴不失其時也。若老氏言玄。釋氏言無。皆以靜制動。遁入枯槁斷滅。其道必幽昧而不明。此以陰止陽。止其所止。非艮之所爲止也。艮之所止。審乎其時。得乎其所。是以陽止陰也。艮上一畫爲乾。乾爲明。二至四爲離。離爲光。故曰其道光明。卦爻上下不相應。故不相與。不相與則無所牽動。視若不視。聞若不聞。人能不聞不視。天下事皆无思无慮。是以得乎背。不復獲其身。行在我。不復見其人。以此而處人事。人事復有何咎哉。

以此卦擬國家。艮。止也。所以止暴而定亂也。艮二陰伏下。有潛謀不軌之意。一陽在上制之。使二陽不得潛動。是以爲止。背者。倍也。爲不見之物。艮其背。是止之於未見之時。爲能於亂之未萌而先防之也。故止之用在得夫時。止之象則取諸身。人身爲陽氣之會。背則爲陰。陰則暗昧。陽則光明。以陽止陰。爲止得其所。故其道光明。聖天子當陽出治。而羣陰退伏。止而不動。皆潛移默化於光天之下。此其象也。六爻以初應四。二應五。三應六。往往上動下應。下動上應。互相牽與。唯八純上下一體。故不相應。艮曰兼山。山有前有後。猶人有身有背。山在前不能見後。人於身不能見背。是兩不相與也。故曰不獲其身。行其庭。不見其人。是以无咎也。

通觀此卦。按說文。艮本字皀。艮。很也。从匕目。匕目猶目相上。不相下。匕目爲皀。很戾不進之意。六書本義。皀。目也。从匕。取兩目相比竝也。艮象曰。艮止也。即狠戾不進之謂。不見其人。即目相上不相下之象。艮爲山竝立。即取象兩目比竝也。總之一動一靜。爲天地自然之橐籥。一行一止。爲人身有定之樞機。卦體一陽止於二陰之上。外實內虛。陰虛居內。陽實捍外。如人北向背立。還視內聽。是以其道光明。卦位艮震相因。震因艮止。艮因震動。天下无動不止。无止不動。止而動。故震先夫艮。動而止。故艮繼夫震也。六爻之象。皆取諸身。初爲趾。二爲腓。腓足肚。在後也。三夤脊膂也。四身。不言心。心在前也。不言背。夤即背也。五輔。不見面。見其旁輔也。六在卦外。不言所止。而曰敦艮。象山之加高也。其爻象內三爻。不如外三爻之吉。二曰不快。三曰薰心。惟初尙得其利。四曰无咎。五曰悔亡六曰厚終。故艮外多吉。天下事終而能止。未有不善者也。所貴止之得其時也。」

大象曰。兼山。艮。君子以思不出其位。

卦象一山之外。又有一山。兩山相對。其勢相連。有兼併之義。謂之兼山。凡八純卦。皆上下一體。互相聯絡。惟艮則上下兩山。各止其所。不相往來。此所以爲艮止也。君子法艮之象。艮以山爲止之所。人以位爲止之所。思之思之。不敢或出焉。此即中庸所謂素其位而行。不願乎其外也。

(占)問時運。時運平平。宜退守。不宜妄動。○問戰征。宜各守疆界。不得馳域外之想。○問營商。宜確守本業。不得貪意外之財。○問功名。宜守舊。毋乎倖進。○問家宅。此宅地位雖狹。不可妄行改造。○問婚姻。命由前定。不可貪富增貧。○問訟事。不可以曲作直。○問失物。當在原處尋之。可得。○問疾病。止者終也。帶病延年而已。○問六甲。生女。

初六。艮其趾。无咎。利永貞。

象傳曰。艮其趾。未失正也。

居艮之初。當趾之位。凡人動止。必自趾始。是以欲止其心。先止其身。欲止其身。先止其趾。趾止則不妄動。不妄動。則止得其所。而无失矣。故曰无咎。吉凶悔吝。每生乎動。止其趾。止動之初也。是遏人慾於將萌。存天理於未著。圖之於始。尤當持之以永。故曰利永貞。象傳曰。未失正也。謂以陰居陽。位雖失正。而止其所止。初基正矣。故曰。未失其正。

（占）問時運。運途初爻。宜守穩步。不可妄進。自得无咎。○問戰征。屯軍山足。宜靜守。不宜妄動。○問營商。宜知足。○問功名。初步雖微。不失其正。○問家宅。此宅近在山麓。可以長住。无咎。○問婚姻。百年好合。无咎。○問疾病。病是足疾。艱於步履。一時難愈。○問訟事。不失其正。无咎。○問行人。因足不能行。一時不歸。○問失物。必不遺失。宜就地下僻處尋之。○問六甲。生女。防有足疾。

（占例）明治二十四年。占某大臣氣運。筮得艮之賁。

爻辭曰。初六。艮其趾。无咎。利永貞。

斷曰。艮者兩山竝峙之卦。兩山竝峙。則不能前進。有止而不動之象也。今貴下占氣運。得此初爻。趾足指也。凡人行動。以足在前。艮其趾。則足趾不動。而全體亦因之不動。即大象所謂君子思不出其位也。知貴下宜永守其正。葆此爵位。無容再求升用。否則妄動。未免有咎矣。

六二。艮其腓。不拯其隨。其心不快。

象傳曰。不拯其隨。未退聽也。

腓。本義釋爲足肚。說文云。脛腨。正字通云。脛後肉腓腸也。腓上於趾。故二象之。咸之二曰咸其腓。咸主夫感。艮二曰艮其腓。艮主夫止。止則安止不動矣。然趾與腓。皆爲動體。本不欲止也。所欲止者心也。心欲止。則趾不能不止。趾既止。而腓亦隨之。是腓固隨趾爲動止者也。拯援也。不拯其隨者。謂三限在上。不肯俯聽。趾腓相隨而動。故二之心有不快也。象傳曰。未退聽也。謂既不能拯其動。又不能退而聽命。以從其止。是以其心不快矣。

(占)問時運。運途有阻。宜裹足不前。不宜隨心而動。○問戰征。止不進也。堅守不動。又無外援。是以戚戚也。○問營商。貨物止而不售。甚爲可憂。○問功名。不得寸進。又苦無大力之援。○問疾病。腓病也。詩云。百卉具腓。爲秋風所虐也。此病亦必是秋症。恐非藥力所能救援也。甚爲可憂。○問婚姻。腓亦爲避。宜避絕之。○問六甲。生女。

(占例)應友人石坂氏之請。爲占鑛山事。筮得艮之蠱。

爻辭曰。六二。艮其腓。不拯其隨。其心不快。

斷曰。艮爲山。腓在山足之上。彖傳曰。艮其背。背身後也。爻之取象。皆在背後。爲占鑛山。而得此爻。知鑛山之穴。宜在山背。初爲趾。二爲腓。腓上於趾。知其穴又在股之下。足之上也。艮。止也。論其事。謂停止。在趾與腓本喜動。不喜止。曰止。其心必爲之不快矣。今必倡始議將停止。隨從者亦無力拯救。固宜作退步爲是。必待五爻悔亡。得其輔助。可復與也。以爻計之。當在三年之後。

○明治二十七年冬至。占戰後形勢。筮得艮之蠱。呈之內閣總理大臣。

爻辭曰。六二。艮其腓。不拯其隨。其心不快。

斷曰。卦體取諸山。卦象取諸身。身本動也。山則止而不動。卦又於身之中取諸背。背無所見。背亦不動也。卦與震反。震動而艮止。所謂動極而止者也。今占戰後形勢。得艮二爻。初爲趾。二爲腓。腓進於趾。腓能屈能伸。其動尤甚。其力較强。論戰後形勢。固較昔而尤强也。戰後得此巨數償金。在從征軍士。皆自誇威武之力。每每藐視文官。至在朝大臣。總計金局。當以此金拓張軍備。是爲首要。而不能隨從軍士之心。其心未免不快也。且卦曰。艮者止也。謂大戰之後。宜休養。不宜躁動。古稱止戈曰武。此其徵也。武士之心。固好動。不好靜。止而不動。致多鬱鬱不樂。亦情所必有。觀腓之動。凡腓自動。心爲之也。在武士之動。亦非武士所能自主。朝廷爲之也。是在朝廷靜鎭之耳。

九三。艮其限。列其夤。厲。薰心。

象傳曰。艮其限。危薰心也。

限者。門限。爲內外之界限。三處內外之間。橫亘一畫。故象限。列。分解也。虞氏作裂。夤。通作臏。馬云夾脊肉。按咸五曰脢。易傳謂在脊曰脢。鄭云。脢。脊肉。是夤與脢。字異而義同也。薰。通作熏。灼也。三之艮限。爲隔絕一身上下。使不相通。則將分心背而爲二。一若門限之隔絕內外。此釋氏所謂降伏其心是也。以強伏其心。心者。火也。心火上灼。爞爞炎炎。薰灼於方寸之中。不可撲滅。則其心危矣。詩云憂心如薰。此之謂也。豈知心本虛靈感而遂通。咸之咸其脢。與艮之艮其限。一感一止。初無二致。彖所謂時行則行。時止則止。動靜不失其時。一任心之自然。而未可以隔絕爲止者。隔絕爲止。是欲定其心。乃適以危其心。心豈可以強制者哉。夫人一身脈絡血氣。上下前後。必周流貫通。無所阻隔。而此心自覺泰然。否則上不降。下不升。則脈絡不通。血肉分裂。心其能得安乎。故曰厲。薰心。象傳易厲曰危。蓋危較厲。爲更可懼也。

(占)問時運。運途順逆。皆當順時。強制者危。○問戰征。兩軍相對。各爭疆界。安得畫界自守乎。自守者危矣。○問營商。貨物務在流通。乃可獲利。況今萬國通商。輸入輸出。互相交易。若閉關自限。必窮之道也。可危甚矣。○問功名。專守一藝者。必非大器。○問家宅。治家之道。內外出入。固宜嚴謹。但不宜隔絕。隔絕則財用不通。而家道危矣。○問婚姻。婚姻之道。本由天合。若拘守門戶。不能成兩姓之歡。○問疾病。必是隔症。上下不交。血脈不通。病勢可危。○問訟事。是上下之情不達。曲直難分。○問六甲。生女。防難產。

(占例)某氏來請占某貴顯氣運。筮得艮之剝。

爻辭曰。九三。艮其限。列其夤。厲薰心。

斷曰。爻象爲血脈不通。心背分裂。勢頗可危今貴下占氣運。而得此爻。知貴下於政府內外。情好或多不協。其所由來。在於位置自高。不屑與人往來。遂至勢分隔絕。情意不通。其勢幾成孤立。雖有才知。無所展布。此身危矣。爻辭所云。艮其限。列其夤。厲薰心。其象如是。貴下宜旁求諸咸。咸五曰咸其脢。斯无悔矣。

六四。艮其身。无咎。

象傳曰。艮其身。止諸躬也。

身者總括全體而言。分言之。則一身亦有上下之別。六四居下卦之上。上卦之下。當心之位。在一身之中也。爻得柔正。上比六五。爲能止其所止。潔身自好。雖不能兼善天下。亦可以獨善其身。較之內卦三爻。爲稍勝也。但以陰居陰。不堪有爲。只能以身爲天下模範而已。故曰艮其身。无咎。三爻言心。四爻言身。心虛而身實。期人含虛而踐實。斯不墮入釋氏虛無之弊。象傳以止其躬釋之。躬。猶身也。是以身止心。即大象所謂思不出位也。

(占)問時運。運途柔順。能保其身。自得无咎。○問戰征。難望進取。但於我身無所傷敗。咎復何有。○問營商。只能保本。○問功名。无得无失。○問家宅。安居无咎。○問婚姻。平平。○問疾病。是帶病延年之症。○問失物。即在身上尋之。○問六甲。生女。

(占例)明治二十年。占某貴顯氣運。筮得艮之旅。

爻辭曰。六四。艮其身。无咎。

斷曰。四爻介上下之交。當心之位。心內而身外。曰艮其身。是兼身心而言也。然艮主夫止。止則無所作爲。是不足以見功。但求無咎而已。今貴下占氣運。得艮四爻。爻曰艮其身。有保身安命之象。四爻比近尊位。知貴下爵位已顯。爲宜謹守職分。夙夜弗懈。以保全一身聲名祿位。安享此太平之福。復有何咎。大象所謂君子思不出其位。惟貴下有焉。

六五。艮其輔。言有序。悔亡。

象傳曰。艮其輔。以中正也。

五居外卦之中。二偶分列。有輔之象。按咸上曰輔。滕口說也。是輔所以出言。艮其輔斯言無失言矣。君子之道。寡言則寡悔。艮其輔者。固非止其輔而不言也。惟在時然後言耳。時然後言。則言有其序。可以默則默。可以語則語。語默不失其時。故悔亡。象傳以中正釋之。艮其輔。謂上得其中正。是以言有序而无悔也。」

(占)問時運。運得中正。故無悔尤。〇問戰征。行軍之際。最忌謠言妄作。惑亂軍心。艮其輔。使不妄言。斯號令嚴明。所向無敵矣。〇問營商。商情猶如軍情。消息不容漏洩。艮其輔。則言得其要矣。〇問功名。巧言必黜。昌言則拜。言得中正。立談可取卿相也。〇問家宅。此宅位得中正。居之无悔。〇問婚姻。媒妁之言。每多虛誑。聽者宜慎。〇問疾病。必是牙關緊閉。口不出聲。得能發聲。病乃可治。〇問六甲。生女。

(占例)明治二十四年十一月。貴族院議員。日野西公善。神道總裁稻葉正邦。來訪曰。今春惡疫流行。三條相國以下二三元老。遽爾薨逝。實國家之不幸也。嗣又有大津之暴舉。濃尾之震災。以及伊勢神宮庭燎無風自滅。此皆意外凶變。自古罕聞。而適於今年疊見之。所謂國家將興。必有禎祥。國家將亡。必有妖孽。此其兆也。能不懼乎。今議會開設在近。是爲上下臣民。最所注意。請君一卜。以見議院之興敗。余曰。僕昨年十二月既占之矣。以爻辭上呈松方總理土方宮內二公。卦爻遇艮之漸。

爻辭曰。六五。艮其輔。言有序。悔亡。

斷曰。大象曰兼山爲兩山兼峙。阻絕往來。有上下不通之象。今占衆議院。得艮五爻。爻辭曰。艮其輔。是止衆議之輔。使不得以無稽之言。妄干上聽。曰言有序。謂議者所言。當必秩秩有序。斯可聽納。爻象若預知此番衆議。必多出言不遜。好與政府爲難。卒至奉　勅解散。亦勢所必有也。即使衆議言皆有序。亦但曰无悔而已。未足以見功也。衆議院之兆如此。兩公聽之大感。至十二月。衆議院。

果奉詔勅解散。

上九。敦艮。吉。

象傳曰。敦艮之吉。以厚終也。

上居艮之終。即止之終也。敦。加厚也。所謂泰山不讓土壤。故能成其高。即敦厚之謂也。上能以敦厚自止。是以獲吉。艮六爻。惟上言吉。蓋艮之爲道。上爻足以盡之。上能堅守此心。知其所止。是以厚重如山。不可動搖。吉莫大焉。象傳以厚終釋之。謂止以敦而乃安。敦以終而彌厚。是艮之所成終者。在此厚。而所以成始者。亦即在此厚也。

(占)問時運。運途至此。無可復進。唯厚益加厚。是以得吉。○問戰征。地位至上已極。要在兵力加厚。無不獲吉。○問營商。是上手生意。價高物美。獲利必厚。○問功名。必應上選。吉。○問家宅。必是世代忠厚之家。吉。○問婚姻。吉。○問疾病。素體厚實。不藥有喜。○問六甲。生女。

(占例)明治二十七年三月。某貴顯來。請占氣運。筮得艮之謙。

爻辭曰。上九。敦艮。吉。

斷曰。上處重艮之極。即爲兼山之上。山以厚重爲體。山愈高則愈厚。故全卦之義。歸成于上。而上乃獨得其吉。即可見晩運之亨通也。今貴下占氣運。而得上爻。知貴下身居民上。爵位崇高。人民瞻望。儼同山斗。而素懷忠厚。未嘗以勢位凌人。敦者厚也。艮者止也。貴下當止其所止。厚益加厚。於己於人。無不獲吉。大運之盛。於此可見。

䷴ 風山漸

序卦傳曰。艮者止也。物不可以終止。故受之以漸。漸者進也。爲卦艮下巽上。巽爲風。爲木。艮爲山。風善入。木易長。有進之象。山則止而不動。欲進而爲山所止。是以其進不速也。正義曰。凡物有變移。徐而不速。謂之漸。此卦之所以名漸也。」

漸。女歸吉。利貞。

漸反爲歸妹。其象同取于女。歸妹之少女。以悅而歸。不如漸之長女。以順而歸也。以順而歸。則媒妁言之。父母命之。及長而字。由漸而來。得其正也。故曰女歸吉。艮男兌女。其卦曰咸。以男取女也。故先戒以利貞。而後曰取女吉。漸以艮男巽女。以女歸男也。故先曰女歸吉。而後告以利貞。

彖傳曰。漸之進也。女歸吉也。進得位。往有功也。進以。

正。可以正邦也。其位。剛得中也。止而巽。動而不窮也。

漸者。循序而進。以漸進也。卦體三陰三陽。皆從乾坤來。乾父坤母。乾三索成艮爲少男。坤一索成巽爲長女。故象取女歸。女嫁曰歸。女子之嫁也。及時而字。納禮而往。漸之義也。蓋女歸之吉。謂得其漸之進也。女正位乎內。男正位乎外。女進而得位。必得其正矣。女以夫爲家。故謂之歸。母之嫁女。則謂之往。進而得位。故往有功也。漸與蠱上下易體。蠱之九二。進而爲漸之九五。是爲得位。九居五。位爻皆正。是爲進以正。夫婦爲王化之原。正家正國。皆基於此。故極其功效。可以正邦也。剛得中。謂九五也。止而巽。動而不窮。此合二體而言。以止爲體。以順爲用。本艮之篤實。動而爲巽之利市。故曰動而不窮也。

以此卦擬人事。卦名曰漸。卦義在進。天下事無不貴進。而進要不貴迅速。而貴舒緩。舒緩之謂漸也。自世好急功。而漸之道失矣。惟于女歸。則猶存其漸之旨焉。故爻象獨取女歸。男女爲人倫之始。是人事之至要也。按屯二曰女子貞不字。十年乃字。歸妹四曰歸有時。五曰位在中。家人彖曰正家而天下定。凡易之言婚嫁。多以得時爲正。得位爲中。由玆而往。足以成內助之功。即足開治國之基。諸卦分言之。而獨以漸則合言之。以漸九五之吉。爲剛而得中也。爲卦艮以止。巽以動。知止而進。其進有序。其用不窮。所謂正一身以正朝廷。正朝廷以正百官。正百官以正天下。道不外是焉。是皆有漸進而漸廣之用也。

以此卦擬國家。卦象專取女歸。六爻亦皆言男女配合之禮。殊於國家無關。而彖辭則曰進以正。可以正邦也。則知正國之道。基於正家矣。詩云刑于寡妻。以御于家邦。此之謂也。漸者。爲言徐而不速。爲政而曰勿欲速。亦取夫漸之義也。國家之事。逐序而進。教化之行。日進有功。聖天子正位凝命。剛而得中。內而宮闈。外而邦國。罔不本身出治。詩樛木芣苢之篇。知王化之行。皆本諸后妃貞靜之德。由近及遠。漸推漸廣。汝濆江漢之間。無不風行俗美。蓋其漸積而來者。有由矣。雖彖辭首言女歸。而由齊家以及治國。道本無二致也。止而巽。動不窮者。就艮巽而括言之。則艮爲社稷。巽爲誥命。皆可見其動之不窮也。夫豈第爲女子于歸言哉。唯在讀易者玩索而得之。

通觀此卦。卦本乾坤三四往來。陰進而止乎四。九居五而得中。上六以陰居陰。各得其所。爻與家人同。而其所異者。初爻九六之別耳。故漸在家則內外順。在國則上下安。彖象取女。爻象取鴻。其卦爲艮男巽女。迨吉于歸。詩云弋鳧與雁。是婚禮用雁之證也。雁之飛識時。女之歸待聘。漸之義也。然鴻飛有序。知長幼之禮。其群有偶。厚夫婦之別。其來有候。適寒暑之期。是物之進而能漸者。莫如鴻焉。是以六爻之象。其始栖息甚近。其終飛翔甚遠。初言干。象其進之始。二言磐。象其進之安。三言陸。則非所安。四言木。則始危而終安。五言陵。則升天位之高。上言陸則出于人位之外。而初之不得所安。無應而不能進也。三之不得所安。無德而不能進也。四乘剛有德。可安也。上九過高。其德猶可則也。二五以中正相應。是以獨得其吉也。卦畫皆以奇先偶。象鴻飛有序。下卦以一奇率二偶。上卦以一偶隨二奇。象鴻飛大者先小者隨。陽大陰小。長幼之節。倡隨之禮。夫婦之道也。六爻皆言漸。自初至上各有次序。實與彖辭漸進之義。足以相發明矣。

大象曰。山上有木。漸。君子以居賢德善俗。

山上有木。以木在山。爲得其所。猶女以于歸爲得所。君子法此象。觀木之由漸而長。非一時所可成。即知俗之由漸而善。非一旦所能化。要必先居賢德以爲表率。使之漸仁摩義。而風俗自善。古稱缺妻之賢。孟光之德。足以化俗。況士君子之躬居賢德者乎。其化民成俗。固有日進而日善者也。全卦皆取巽女。而大象獨稱君子。蓋艮爲賢人。故曰君子居賢德。要知君子與淑女。足爲配偶。其德同。其化亦同也。善俗。王肅本作風俗。居賢德。本義云。賢字衍。

(占)問時運。如木在高山。得逢春生發之象。○問營商。山藏貨財。木能生發。且巽爲商。利市三倍。得此卦象。自必能逐漸得利也。○問功名。足膺賢材之選。○問戰征。防三軍前進。在深山茂林之處。有敵兵埋伏。○問婚姻。必是賢德淑女。是以君子好逑。○問家宅。必是德門仁里。君子居之。○問疾病。是木剋土之症。宜安居調養。○問六甲。坐前生者男。望後生者女。

初六。鴻漸于干。小子厲。有言无咎。

象傳曰。小子之厲。義无咎也。

鴻水禽。來往有時。群飛有序。相傳漢土婚禮用雁。取其飛行不亂。失偶不再。有女貞之象。大曰鴻。小曰雁。鴻與雁一也。彖曰女歸。故六爻皆取喩於鴻。干。水涯。鴻漸干而得所棲。猶女適人而得所託。但艮爲少男。故稱小子。巽爲長女。一長一少。年齒相懸。未免于歸愆期。或有不測之變。是爲小子厲也。說卦成言夫艮。有言。爲有成言也。女子許嫁。唯憑媒妁之言。旣有其言。不得以有變而渝。故曰有言无咎。初應在上。初與上爻。高下懸殊。即可見夫婦年齒。長幼亦懸殊。女能待年不亂。守禮無失。無所爲厲。復有何咎。象傳以義无咎釋之。蓋謂義在則然。咎自无焉。

(占)問時運。人微年少。運途初行。雖危無咎。○問戰征。屯軍江干。防有危厲。幸有諜言來告。得以免咎。○問營商。貨物交易。防有小人從中作難。因約言畢成。得以无害。○問功名。鴻運亨通。初雖在下。自有漸進之象。○問婚姻。女長男少。約言既定。當以待年而嫁。无咎也。○問家宅。此宅臨水。防小人有疾厄。然無大咎。○問疾病。不利小人。大人无咎。○問六甲。生女。

(占例)友人某來請占事業成否。筮得漸之家人。

爻辭曰。初六。鴻漸于干。小子厲。有言无咎。

斷曰。漸者漸而進也。漸在初爻。爲進步之初基也。干。水涯。亦低下之處。君占事業。得漸初爻。知君此業。必是初次開辦。如秋雁初來。尚在江干飛集。未得遠翔。凡事業初創。未免有小人出而阻擾。務要把定初志。不改成言。是得无咎。然在初爻。其進猶微。必得四年後。行到上爻。則得其應援。必可大獲利益也。

六二。鴻漸于磐。飲食衎衎。吉。

象傳曰。飲食衎衎。不素飽也。

磐者。水中平石。衎衎。和樂之貌。鴻漸于磐。有水可飲。有蒲魚稻粱可食。爲足樂也。猶女子嫁得其夫。合巹而飲。共牢而食。自見宜室宜家。和樂且耽。二與五相應。即爲配偶。婦人賢德。足以內助。固非虛食夫家之食者也。象傳以不素飽釋之。即此意也。

(占)問時運。既得安樂。又得醉飽。無憂。吉。○問戰征。兵食充足。軍心歡悅。自有安似磐石之象。○問營商。二爻居巽之中。巽爲商。爲利。就爻辭言。自干進磐。有漸進漸高之勢。吉。○問功名。有嘉賓宴樂之象。成名必矣。吉。○問婚姻。二與五相應。即以二五爲婚。二五皆吉。可詠百年偕老矣。○問家宅。此宅地基鞏固。一門和樂。吉。○問疾病。飲食過度所致。宜消食安胃。病即日可愈。○問六甲。生女。

(占例)明治二十三年。占某貴顯氣運。筮得漸之巽。

爻辭曰。六二。鴻漸于磐。飲食衎衎。吉。

斷曰。二爻居巽之中。巽。順也。爻辭曰。鴻漸于磐。鴻大也。磐山石之安者。貴下占氣運。得此爻。知貴下鴻運通順。持躬涉世。皆得安如磐石。無人得而動搖。由干進磐。見鴻飛踪跡。逐步增高。喻貴下卒業東北學校。繼復游學歐米各邦。學識亦漸步長進。且二爻與五相應。爻以夫婦和諧。即可見君臣之喜樂。至美衣飽食。和樂衎衎。本貴下所素有也。吉何如也。

○明治三十二年。占北海道廳氣運。筮得漸之巽。

爻辭曰。六二。鴻漸于磐。飮食衎衎。吉。

斷曰。漸者漸進也。由亂而進於治。由衰而進於盛。皆有漸進之象焉。今占北海道廳氣運。而得漸之二爻。爻辭曰。鴻漸于磐。由干而進於磐。是亦漸進而漸高也。知北海道廳治象。當必有日進日盛。爻又曰飮食衎衎。在北海一帶。爲魚鹽蜃蛤之鄉。其足供飮食者。出產饒富。民居斯土。獲斯利。家室豐盈。雍雍和樂。自得飮食衎衎之喜。爻辭曰吉。信可知也。

九三。鴻漸于陸。夫征不復。婦孕不育。凶。利禦寇。

象傳曰。夫征不復。離群醜也。婦孕不育。失其道也。利

用禦寇。順相保也。

陸。高平之地。鴻所集也。九三。陽剛爲夫。六四。陰柔爲婦。三又與六正應。六亦曰陸。自內往外爲征。三往就外之陸。而遂棄內之陸。故不復。上互離。離爲大腹。孕之象。下互坎。坎爲災。爲鬼。不育之象。三與四以比隣私通。壞彝倫之大綱。背漸進之大義。安能得室家和睦。夫婦偕老。生育以延嗣續之庥乎。故曰夫征不復。婦孕不育。凶。且雁呼霱避繳。巡呼警夜。飛則相隨。止則相保。亦有禦寇之象。故曰。利禦寇。夫鴻之有雌雄。猶人之有夫婦也。雄飛不返。是離其羣矣。胎孕之道。期其長育。孕而不育。是失其道矣。雌雄相守。是所以禦寇。是順相保也。象傳逐句釋之。有以夫。

(占)問時運。運途不正。防有外禍。○問戰征。利于守禦。不利往征。○問營商。難望獲利。防有盜刼之虞。○問功名。唯從事軍政。可以得名。○問婚姻。防有私亂終離之感。○問家宅。此宅於生產不利。○問疾病。婦人生產。恐母子不能兩全。○

問六甲。生女。

(占例)昔余在四之日。有獄吏和田某者。突然謂余曰。今茲罪案。曷不卜之。先是余自占氣運。得艮之漸。斷辭詳紀需三爻。今復一占。筮得漸之觀。

爻辭曰。九三。鴻漸于陸。夫征不復。婦孕不育。凶。利禦寇。

斷曰。夫征不復。謂此案已往。不復追究矣。婦孕者。謂禍胎也。不育者。謂此案不致再生枝節矣。禦寇者。謂審獄之官也。順相保者。謂必能保護我身也。然所謂相保者。當必在和田氏矣。後一二旬。前奉行退職。清水某襲其後。和田氏爲奉行次席。於是二氏相謀。以五十月徒期。減爲二十月。余乃得以出罪。

六四。鴻漸于木。或得其桷。无咎。

象傳曰。或得其桷。順以巽也。

四居巽之始。巽爲木。鴻水鳥。本不棲木。桷者。枝柯之大而平者也。于木之中。而得方平之桷。則亦可以容足矣。或者幸得之辭。此以鴻之失所。喻婦之之失所也。四夫在三。三征不復。四婦失其所矣。或得其桷而集之。亦无咎焉。巽順自守。不失婦道之正。雖無夫可也。

(占)問時運。運失其正。但以順自處。隨遇得安。亦可无咎。○問營商。聊有所得。差足免咎。○問戰征得其椅角。敵勢已衰。○問功名。從事角逐。所得亦微。○問疾病。病在肝木太盛。宜順氣調養。○問家宅。此宅多寡居之婦。有遇人不淑之感。○問行人。在外失所。聊以將順容身。一時不歸。○問六甲。生男。

(占例)舊大垣藩主。華族戶田氏。奉侍蘐堂。借余神奈川別墅。閑居養病者數月。醫士戶塚文海氏。間日自東京來診一日戶塚氏謂余曰。診視戶田太君之疾。四五日前。頗爲可慮。近少輕快。惟老衰難期速效。余曰。頃日代爲問卜。筮得漸之遯。今玩爻辭。知太君近病無妨。恐明後年命限有阻。戶塚氏俯首不語。有松野家老出而問曰。我太君之命。其終于明後年乎。余曰請勿與外人道也。後三年。太君果仙逝。會葬之日。戶塚氏追述前言。感嘆易理之前知。蓋漸爲長女。卦爲歸魂。自四至上。三爻爲三年。由是推之。死期可預決也。

九五。鴻漸于陵。婦三歲不孕。終莫之勝。吉。

象傳曰。終莫之勝。吉。得所願也。

爾雅。大阜曰陵。又八陵。北陵西隃。雁門是也。此陵當是北陵。雁之家也。月令。季秋鴻雁來賓。鴻之南來爲賓。北陵則爲家。孕育則在家也。五與二正應。爲夫婦。故以鴻漸于陵。喻夫婦之居家也。三至五互離。離爲大腹。三動則離壞。故不孕。自二至五歷三爻。象三歲。艮少男。巽長女。女及笄。而男猶未冠。是以不能生育。迨及時而陰陽和合。自然得孕矣。男少女長。似女偏勝。然二五正應。內外得當。夫倡婦隨。故曰終莫之勝。時至而孕。各得所願。吉可知也。又云。此卦三五皆言婦。九五以二爲婦。正也。九三以四爲婦。非正也。故三四相比爲夫婦。雖孕而不敢育。女之婦不以漸也。故凶。二五以相應爲夫婦。不孕而得所願。女之歸以漸也。故吉。

(占)問時運。運途中正。三年後。无往不利。吉。○問戰征。屯軍大阜。三年後。所向無敵。吉。○問功名。三年後必成。○問營商。目下難望獲利。至上爻自可獨占厚利。蓋在三歲後也。○問婚姻。得子稍遲。吉。○問家宅。宅在大阜之間。吉。○問六甲。生男。

(占例)某商人來請占氣運。筮得漸之艮。

爻辭曰。九五。鴻漸于陵。婦三歲不孕。終莫之勝。吉。

斷曰。五居外卦之中。進步已高。得漸于大阜之上。無可再進也。足下占氣運。而得此爻。知足下營商多載。雖事業漸進漸高。而不得一時獲利。如鴻鳥雌雄相隨。而一大一小。未能即時生育也。鴻待三年後可孕。知商業亦必待三年後。可獲大利也。終莫之勝者。謂非他人所能及也。爻辭曰。吉。吉可知也。象曰得所願。知足下平生之志願。可遂矣。

上九。鴻漸于陸。其羽可用爲儀。吉。

象傳曰。其羽可用爲儀。吉。不可亂也。

上與三皆處卦極。故並稱陸。漸卦六爻。皆取象於鴻。以喩夫婦。即本象辭女歸之旨。三之漸陸。夫道不正。致婦失所。不如鴻之雌雄相守。上則猶是陸也。猶是漸也。而以禮相接。人咸稱美。不特表閨閫之令範。且足樹邦國之合儀矣。一羽本輕。而先王制禮。納采問名皆取以爲用。非以其有偶而不亂乎。夫婦之道。亦如是焉。故曰其羽可用爲儀。女歸之吉。其以此乎。

(占)問時運。運氣正盛。可出而用也。吉。○問戰征。從平陸進軍。威儀顯赫。攻无不克。○問營商。貨美價高。定可獲利。○問功名。出而用世。可以儀表天下。○問婚姻。吉。○問家宅。此宅地位崇高。瞻觀有耀。吉。○問六甲。生男。

(占例)明治十九年。虎列剌病流行于横濱。凡横濱店中。家族皆避疫於神奈川別莊。東京之友。皆歸東京。余携遠來學者八人。赴箱根木賀。一日有東京門人。判事尾藤某來狀。其旨曰。今度拜命。赴越後高田裁判所長。臨發自筮。爻象不吉。請爲再占氣運如何。筮得漸之蹇。

爻辭曰。上九。鴻漸于陸。其羽可用爲儀。吉。

斷曰。全卦以漸進爲義。爻至上六。漸進之義已終。進無可進。是暖回冰解。鴻鳥北還之時。今占尾藤氏氣運。得此上爻。知爲新授北國高田判事之任。爻辭所云。鴻漸于陸。辭意適合。本是吉象。但此爻易三百八十四爻中。爲歸魂八爻之一。占者當此。生命有阻。因嘆曰。氏爲余門人中之翹楚。他日繼余易學者。在此人也。大爲可惜。一時從者聞此斷詞。皆謂共在一堂。何得以一筮之下。遽斷必死。後尾藤赴任高田。未幾果沒。

䷵ 雷澤歸妹

卦體震上兌下。震長男。兌少女。凡彖之取象男女者。如咸之少男少女。如漸之長女少男。皆言夫婦。而獨於震男兌女。取象兄妹。按女子先生爲姊。後生爲妹。諸侯一娶九女。姊嫁則妹媵。孔穎達曰。少女謂之妹。從姊而行。謂之歸。此卦之所以曰歸妹也。

歸妹。征凶。无攸利。

歸妹少長非偶。夫婦之不正也。女子以夫爲家。在男曰娶。在女曰歸。故漸曰。女歸吉。咸曰取女吉。征者。往也。是私奔也。故凶。所謂鑽穴隙相窺。踰墻相從。父母國人皆賤之。女德若此。夫何利焉。故曰无攸利。是痛戒而深惡之也。

彖傳曰。歸妹。天地之大義也。天地不交。而萬物不興。

歸妹。人之終始也。說以動。所歸妹也。征凶。位不當也。无攸利。柔乘剛也。

三陽三陰之卦。皆自乾坤來。變乾上畫爲偶。而成兌。變坤下畫爲奇。而成震。兌女震男。卦名歸妹。震兌之父母。則爲乾坤。乾坤即天地也。天地相交而萬物蕃興。男女相交而生育繁昌。是天地之大義。即人倫之終始也。兌說也。震動也。說以動。是以情悅相從也。以此歸妹。失其正也。征凶者。震爲征。因說而求進。是獻媚工讒。意欲以媵而奪嫡也。故傳斥之曰。位不當也。无攸利者。以柔悅之性。乘剛動之勢。一經得寵。便欲挾制乾陽。女權如此。不特不利於一身。必將不利於家國矣。傳特明揭其不正之由。曰此所歸之妹。乃說以動者也。

以此卦擬人事。歸妹者。女有家。男有室。人事之終始也。天地之道。以陽陰相交。而化生萬物。婦夫亦一陰陽也。但女子之嫁也。以禮而聘。以時而歸。如漸之止而動。故女歸吉。反是女說男動。是私相從也。不待父母之命。媒妁之言。以說而動。豈得謂歸妹之正乎。其位以陽居陰。爲不當也。故凶。且一陰據二陽之上。是柔乘剛也。故无攸利。傳之一一垂誡。蓋深警色升愛選。豔妻煽亂。婦德一乖。而家道因之而虧。此即人事之變也。牝雞司晨。其禍蓋有不可勝言者矣。

以此卦擬國家。婦之從夫。猶臣之從君。夫婦君臣。本人倫之大節。亦即天地之大義也。臣之容說得位者。巧言令色。一以諂媚爲工。極其奸謀所出。必將結援宮壼。聯合閹寺。以作聲勢。且於佞媚之中。寓以箝制之用。一旦威權在握。幾將窺視王靈。不復顧天位之有在。卒之凶禍來臨。勢敗身亡。此女子小人。自古難養。聖人所以痛切而垂警也。歸妹彖辭。首揭征凶无攸利五字。即此旨焉。傳復進之曰。說以動。所歸妹也。蓋謂歸妹者人倫之常。說以動。爲歸妹之變。其所以征凶而无攸利者。皆自說以動階之厲也。天下之事。悅而動。未有能正者。女子與小人。其凶一也。有國家者。最宜凜凜焉。

通觀此卦。歸妹少女也。少女无知。故稱妹。情欲相感。見可悅而昏。動不以禮。是爲歸妹。姊未嫁而妹先歸。紊其序也。躬居媵而思奪嫡。越其分也。婦德若此。凶莫大焉。夫何利乎。六爻柔上剛下。內外倒置。二四以陽居陰。男以不正而從女。三五以陰居陽。女以不正而從夫。上卦六五乘九四。下卦六三乘九二。夫屈于婦。婦制其夫。陰反居上。陽降居初。皆失其漸。故漸六爻多吉。至上愈吉。歸妹初爻獨吉。至上則无攸利矣。是以君子貴艮漸而戒輕悅也。

大象曰。澤上有雷。歸妹。君子以永終知敝。

此卦反漸。上卦爲雷。下卦爲澤。雷動則澤水爲之搖漾。以陰感陽。猶女子之挑而可動也。失身敗德。不謹其始。安能保其永終乎。君子見此象。知悅牽于私。動失其正。始既不善。敝即在後。欲防之於未然。故宜永終以知敝。斯不以妾爲妻。不以賤妨貴。嫡庶正而名分嚴。足以維大義之不敝也。

(占)問時運。一時發動。恐難持久。○問營商。貨價升動。買客喜悅。但恐不能圖終。○問功名。進不以道。防有後悔。○問戰征。地雷陡發。足以制勝。恐一勝以後。兵力敝疲。無以保終。○問婚姻。徒戀一時情欲之私者。難期百年偕老也。○問家宅。地盤有動。已嫁之女。不宜同居母家。○問疾病。永終二字。獨於占病不利。顯見命限已終。○問訟事。可以終結。○問六甲。生女。

初九。歸妹以娣。跛能履。征吉。

象傳曰。歸妹以娣。以恒也。跛能履。吉相承也。

六爻以五爲尊。是正嫡也。其他皆爲娣。初爻在最下之位。故曰歸妹以娣。娣承嫡妻之命。不能專制。猶跛躄之不能行。唯守爲娣之分。行承順之道而已。故曰跛能履。震爲足。兌爲毀折。有跛之象。九居初。爲當位。是能安於娣而在下。行不先人。知其無隕越也。故曰征吉。就全卦論。以說而動。女子感情說之私。故其征也凶。就一爻論。以剛居剛。女子有賢正之德。故其征也吉。象傳以恒也釋之。謂妹而爲娣。禮之恒也。以相承釋之。謂百事承順。是以吉也。

(占)問時運。運途低微。祗可依人成事而已。○問營商。不能自主。聽命而行。幸得獲利。吉。○問功名。偏裨之位。○問戰征。非主帥也。能以偏帥制勝。吉。○問家宅。

此屋必是廊廡偏屋。吉。○問疾病。必是足疾。不良於行。身命無妨。○問六甲。生女。防有足疾。

(占例)明治十六年。余遊上毛伊香保。得遇藤野正啓先生。先生當代鴻儒。夙精易理。與余相知最久。茲得相聚客舍。晨夕晤談。意甚得也。一日先生正襟而言曰。幸爲一占僕之運氣。筮得歸妹之解。

爻辭曰。初九。歸妹以娣。跛能履。征吉。

先生精通羲易。既得占爻。自能詳判。余復何言。然前余爲橫濱某商。占得此爻。在此人久遊歐米各邦。通曉各國事情。歸國之後。橫濱某商店。遂傭爲主管。其人正道。又能勤勉。凡財貨之出入。物品之優絀。以及時價之高低。罔不一一計畫。其用心之誠篤。有足使人感者。未幾商店解雇。一日某來請占。筮得歸妹之解。余爲之再三玩索。乃得其解雇之由也。蓋娣者從姊而嫁。一切家政。皆當奉命而行。不得自主。譬跛者雖有其足。不能自行也。今某雖盡心從事。未免有專主之嫌。是以有咎。先生今日所占爻辭正同。乃知先生秉道履中。剛方素著。但於當今世衰道微。所如不合。反若娣之隨人。不能自主。先生能卑以自牧故曰征吉。此就爻辭而斷也。然余又可慮者。以歸妹爲歸魂之卦。至六爻爲命終之年。先生固達人也。自初至上。爲六年。先生須爲注意。先生微笑曰。易理精妙。固如是也。後六年。先生果歿。

○某官員來請占氣運。筮得歸妹之解。

爻辭曰。初九。歸妹以娣。跛能履。征吉。

斷曰。初居爻下。娣居人下。爻象卑微。是不能出人頭地者也。足下占氣運。得此爻。知足下依人成事。不能獨斷獨行。譬如娣之從姊而嫁。一以順承爲事。若欲擅自作爲。反恐如跛者捷行。必致顚仆。不如隨人步趨。斯无隕越矣。故曰征吉。

九二。眇能視。利幽人之貞。

象傳曰。利幽人之貞。未變常也。

此爻陽剛得中。亦娣之賢者也。下互離。離爲目。上互坎。坎爲疾。有眇之象。眇一目小也。兩目之視正。一目之視偏。妾媵則處於偏者也。不敢正視。故取眇能視爲喩。二與五正應。二能測視。得其寵矣。然正未可以寵自恃。故又戒以利幽人之貞。幽人者。猶云靜女也。女子行不踰閾。窺不出戶。有幽人之義焉。象傳曰。未變常也。謂能守其道。安其分也。幽則至靜而不動。貞則至賢而不渝。幽人不以不遇變其道。女子不以失偶改其節。其致一也。

(占)問時運。運途不正。宜幽貞自守。○問營商。以其窺察商情。有獨見之明。頗有暗得之利。○問功名。以高尚不事爲貴。○問戰征。能察幽窺微。有料敵如神之妙。○問家宅。此宅最宜幽居。○問婚姻。此配宜作偏房。若在嫡室。恐反目不和。○問訟事。防有幽禁之災。○問六甲。生女。

(占例)華族某。訪余別墅。時方霖雨。悶悶不樂。會招伊藤潮花。特設演席。藉以侑酒。潮花見余床上筮竹。問曰。主公好易乎。余曰。然。潮花曰。拙生欲卜生命。請爲一筮。筮得歸妹之震。

爻辭曰。九二。眇能視。利幽人之貞。

斷曰。歸妹者歸魂之卦。今自二爻至上爻爲五年。今後五年。子命殆將終乎。上爻之辭曰。女承筐无實。士刲羊无血。女承筐无實者。謂家計赤貧。筐中无實也。士刲羊无血者。死體之象也。潮花子曰。主公之言誠當。諺云。人生四十不爲夭。今吾已六十。命數亦不短矣。雖死期已迫。家計不可不預謀。由是奮然改革家政。計度產業。以期家室盈豐。得能積有餘貲。實出自主公所賜也。當時談笑而去。後至五年六月潮花竟爾病歿。

○明治三十一年。占臺灣總督府氣運。筮得歸妹之震。

爻辭曰。九二。眇能視。利幽人之貞。

斷曰。卦體下互離。離爲目。目所以視也。曰眇。祇可偏視而已。幽人者。幽閒貞靜之人也。謂人能幽閒貞靜。必無犯上作亂之事矣。故曰利幽人之貞。今占臺灣總督府政畧。得此爻辭。按臺灣新入我版圖。一切風俗。難以一時遽革。祇得另眼相視。以示寬容。至其人粗暴。未服敎化。往往躁動爲亂。在政府總宜以靜默鎭之。使之化暴爲良。故曰利幽人之貞也。

六三。歸妹以須。反歸以娣。

象傳曰。歸妹以須。未當也。

須者。賤女之稱。三爻居兌之極。爲悅之主。歸妹以須者。以之爲須也。三以柔乘剛。務爲悅人。故于其始歸也。降爲之須。雖明知其未當。以故爲抑之。不令其工妍獻媚。開以妾奪嫡之嫌。所以懲淫泆而正名分者。其旨嚴矣。迨三能反其說之爲。始得復歸娣之位。故曰反歸以娣。象傳曰。未當也。謂陰柔不正。不當位也。正義以須爲待時也。以三未當其時。則宜有待。故曰歸妹以須。旣及其時。以娣乃行。故曰反歸以娣。亦通。

(占)問時運。運途蹭蹬。受人抑制。是宜忍耐。後可得伸。○問營商。貨價低落。不能獲利。過後可望提升。○問功名。所得卑微。○問婚姻。必非正娶。○問家宅。此屋非正宅。必是廊廡。地位低小。○問疾病。待時可愈。○問行人。且宜暫待。緩時可歸。○問訟事。待時可以斷結。○問六甲。生女。

(占例)某縣人。携親友書來。占求官之成否。筮得歸妹之大壯。

爻辭曰。六三。歸妹以須。反歸以娣。

斷曰。鄭云。須。有才智之稱。正義曰。須。女謂賤妾也。是有才智而屈居下位者也。今足下占求官。得此爻辭。知足下占某顯官有舊。乞爲代謀官階。不料某抑之。不與以相當之位置。而授以微末之官階。即歸妹以須之象也。足下宜順受之。切不可妄意干進。後當必有陞遷。反歸以娣。行有待也。

九四。歸妹愆期。遲歸有時。

象傳曰。愆期之志。有待而行也。

九四以陽居陰。爲動之主。動則急欲于歸。但兌爲少女。故曰妹。未可先姊而行也。是宜待年於國。故曰歸妹愆期。年及而歸。未爲遲也。故曰遲歸有時。詩江汜之篇。序謂媵有待年於國。而嫡不與之偕行。其後嫡悔而迎之。亦終歸矣。即可作此爻之註脚也。三爻主說。求貴而得賤。四爻主動。求速而反遲。皆深戒說以動之必凶也。告之以遲歸有待。所以遏其躁動之志。使知待時而行之爲得也。」

(占)問時運。須知順時而動。行運有時。躁進無益。○問戰征。最宜審時度勢。無取躁急輕進。致損兵力。○問營商。待時得價。自可獲利。○問功名。躁進必敗。○問婚姻。待年而歸。○問家宅。宅運未來。未可遷居。○問行人。一時不歸。○問訟事。宜緩可了。○問失物。遲久可得。○問六甲。生男。

(占例)某商人來請占賣買之機會。筮得歸妹之臨。

爻辭曰。九四。歸妹愆期。遲歸有時。

斷曰。女子待時而嫁。猶貨之待價而賈也。愆期者。謂期限已過。遲久者。謂遲久可售也。足下占賣買之機會。得此爻辭。爻象與占象。辭意適合。歸妹愆期。由於姊猶未嫁。娣因不得先行。故宜遲歸待時。知足下必有前售之貨。未曾銷脫。故於後置之貨。行當遲遲有待。此所行不能不待。所售不能不遲也。遲之要自得利。可無憂焉。

六五。帝乙歸妹。其君之袂。不如其娣之袂良。月幾望。

吉。

象傳曰。帝乙歸妹。不如其娣之袂良也。其位在中。以貴行也。

帝乙者。殷紂之父。君者。小君之稱。謂嫡妻也。袂者。袖也。月者。大陰之精。以象嫡德。望者。謂月之圓滿。幾者。近也。五爻居震之中。震長男。下與二應。二居兌。兌少女。是兄妹也。所謂帝乙。乃爲震兄。歸妹者。是以天子之妹。下嫁於諸侯。故爻曰其君。傳曰以貴行。即所稱君夫人曰小君。是也。卦體變乾成兌。乾爲衣。故曰袂。史記。長袖善舞。女子之態也。是袂足以取說。月盈於望。八日兌見丁。十五乾盈甲。兌長至十五始盈。乾化兌。故曰幾望。京房易傳載湯嫁妹之詞曰。陰之從陽。女之從夫。天地之義也。往事爾夫。必以禮義。其訓以禮義者。即戒其不可以袂美取悅。亦不可以恃貴而妄動也。六五爻辰在卯。仲春之月。嫁娶男女之禮。故吉。傳曰其位在中。五居震中。二居兌中。以二嫁五。中與中應。其位悉當。且五爻最貴。故曰以貴行也。

(占)問時運。事事謙抑。不敢自誇。不敢自滿。運途得中。是以吉也。○問戰征。降尊居賤。能得軍心。從月夜進兵。出敵不備。可得全勝。○問營商。前進貨品。不如後進者良。約在望前可售。必得高價。○問功名。如有兄弟同出求名。弟必獲雋。○問婚姻。當有二女同歸。吉。○問家宅。宅位居中。當有喜事臨門。吉。○問行人。望前可歸。○問疾病。半月可愈。○問六甲。生男。

(占例)有友來訪。請占某氏赴任吉凶。筮得歸妹之兌。

爻辭曰。六五。帝乙歸妹。其君之袂。不如其娣之袂良。月幾望。吉。

斷曰。歸妹者。以女從夫。猶士者出而從政也。今足下占友赴任吉凶。而得歸妹五爻。細玩爻辭。知此友身分必貴。此次赴任。定是小受。如帝女之下嫁也。其才調之良。當必勝於前任。故曰其君之袂。不如其娣之袂良也。月幾望者。喻其設施之圓到。政體之光明。有如三五之月也。而又不敢以謟媚取說。不敢以貴盛自恃。以茲臨民。吉可知也。

上六。女承筐无實。士刲羊无血。无攸利。

象傳曰。上六无實。承虛筐也。

士者。未娶之稱。女者。未嫁之稱。士昏禮云。婦人三月而後祭行。上。宗廟爻。故曰祭。三月祭行。而後成婦。未承祭。猶稱女也。宗廟之禮。主婦奉筐。即詩所詠于以盛之。維筐及筥是也。兌為羊。少牢饋食。司馬刲羊。刲。殺也。承筐刲羊。皆助祭事也。易例陽為實。陰為虛。三四復位。變坤為虛。故曰承筐无實。四互坎。坎為血卦。三四復位成泰。坎象不見。故曰刲羊无血。按祭禮。執盥者宗婦。薦豆者夫實。籩黍者主婦。未聞有以娣妾從事者。使娣而與祭。是瀆倫也。欲以承寵。適以啓禍。亦何利焉。永終知敝者。可不戒哉。

(占)問時運。萬事不利。○問戰征。糗糧不備。戈矛不修。以斯從征。必敗之道。○問營商。資本既虛。貨物又匱。奚以獲利。○問功名。空手求名。其何能得。○問婚姻。婚娶不正。維家之索。○問家宅。此宅家範不端。防有妻嫡紛爭之患。○問疾病。

是虛勞失血之症。不治之象。○問失物。不得。○問六甲。生男。

(占例)友人某來曰。近欲與友謀與一業。就余私計。事既可喜。利亦頗豐。但未審吉凶如何。請爲一筮。筮得歸妹之兌。

爻辭曰。上六。女承筐无實。士刲羊无血。无攸利。

斷曰。卦體兌悅震動。卦象兌女震男。悅不以道。故夫婦配合。多不利。而凡以資財合業者。亦可推相而知矣。今足下爲謀事業。占得此爻。爻辭曰。承筐无實。刲羊无血。筐猶囊也。筐无實。是囊空也。血流行一身。猶財之流通一國。无血則羊死。無財則業敗。士與女爲合業之人也。女既无實。士又无血。是財力兩空。其何能成業乎。故曰无攸利。

䷶ 雷火豐

卦體震上離下。離本乾體。變乾中畫而成離。離爲日。日本懸象於天也。震本坤體。變坤之下畫而成震。震爲雷。雷本奮出於地也。雷以動之。日以暄之。萬物化生。自然豐茂。震。動也。離。明也。明與動合而成豐。此卦之所以名豐也。

豐亨。王假之。勿憂。宜日中。

正義曰。財多德大。故謂之豐。財多則足以濟世。德大則足以容人。事無窒礙。故亨。王指殷王。假。謂感假。萃渙之假。言殷王假廟也。豐之假。期紂之能假也。紂能假夫豐亨之道。自足以統馭萬國。照臨下土。如日之正中。光明徧被。故曰勿憂。離爲日。日中則明愈大。故曰宜日中。

彖傳曰。豐大也。明以動。故豐。王假之。尚大也。勿憂宜

日中宜照天下也日中則昃月盈則食天地盈虛與時消息而況於人乎況於鬼神乎。

序卦傳曰得其所歸必大故受之以豐豐者大也卦體以離遇震震爲行動必以健離爲光明無不灼明以動動則有爲故得亨通而盛大也王指九五言豐之象本大王能誠心感假則更加大矣五爻曰有慶即慶王之能假也豐莫大于是焉假如是復有何憂宜日中者是極言明以動之象日至中其明愈煥其照愈遠萬國九州明無不被可知王之自明明德即可明明德於天下也故曰宜照天下然日過中則傾月旣盈則缺陽極而陰生盈虛消息天地循環之運也彖曰日中豐至極盛衰即伏之傳欲王益勵夙夜之勤勉明以繼明有以挽回乎造化使明不爲欲蔽而豐得以長保矣雖盈則必有虛消則必有息與時推移鬼神亦不能自主而所以轉旋而補救者總在於人也人惟自明其明德耳干寶曰日中之象殷水德坎象盡敗而離居之言周德當天人之心宜居王

位。故宜日中。

以此卦擬人事。上互兌。兌爲澤。期其惠澤之豐盈也。下互巽。巽爲利。期其財利之豐富也。有豐無歉。豐斯大矣。然豐於財者多昏。豐於欲者多亂。昏則不明。亂則妄動。無以假之。豐所在。憂即伏之矣。卦體上下互大過。大過者。過乎中也。日過中則昃。月過中則缺。此過盛必衰。過剛必拆。盈虛消息。天地四時。自然之運。雖鬼神之盛德。不能過此。而況人事之徵乎。彖曰。勿憂。宜日中。傳釋之曰。宜照天下。謂乾爲日。離亦爲日。豐爲六月之卦。夏至日在離。氣稟純陽。日當午中。光明倍煥。離大象曰。明兩作離。大人以繼明照於四方者。此之謂也。明以靜生。明亦以動見。譬如人閉目靜坐。一物不見。一動則雙目開豁。明足察物矣。此所謂明以動。故豐也。人事之憂。在不豐。不知不豐不足憂。所憂者最在不明耳。明則可靜亦可動。可盈亦可虛。豐之所大。大在於明。亦大在於動也。是人事之極則。乃可出而與天下相見矣。

以此卦擬國家。國家之大勢。不能靜而無事。要必當動而有爲。所患者動失其道。必至昏庸柔昧。上下交蔽。愈動而愈困耳。困則不亨。不亨則不豐。國事不可爲矣。欲求其豐。必先期其明。象。是以曰明以動故豐。卦體上震下離。震爲動。故能風動四方。離爲明。故能嚮明出治。震又爲帝。故稱王。離爲光。故能照。王者克明明德。道恊大中。明足與天下相見。動可爲天下更新。是能昭假夫臣民。光大夫勛業。庶幾就之如日。瞻之如雲。一時熙熙攘攘。咸沐浴於光天化日之中。而若渾忘其帝力者。豐莫豐於是焉。然一治一亂一盛一衰。國運也。亦天運也。所謂日中則昃。月盈則食。天地盈虛。與時消息。世運推移。皆如是耳。要必文明柔順。如文王之德之純。上足以假君。下足以假民。如日月之照臨。光被天下。乃能挽既去之天命。重得延六百祀之商社者。此文王之所以文王也。如是則可以長保此豐矣。

通觀此卦。京房易傳曰。上木下火。氣稟純陽。陽爲大。大則必豐。卦以離遇震。震爲君。君作於上。明燭於下。故得成崇隆豐大之業。然有豐必有歉。豐於功者傲。傲則必亡。豐於財者奢。奢則必敗。傲與奢。皆由於動之失中也。動失其中則損明。損明則安能長保其豐乎。雜卦傳曰。豐。多故也。多故。是以難保也。道在有以假之耳。王者能推心指腹。上下交孚。假以生明。明以運動。斯明無不照。亦動罔不臧。如午日正中。光明遍燭。此離象所以爲明也。明愈大。豐亦愈大。是可尙也。復何憂乎。卦體離日在下。震雷在上。互卦巽木爲蔀。兌澤爲水。雷施雨。木含日。故自二至四。有晦昧之象。聖人處此。慮以養其明。悅以霽其威。斷以決其壅。使上下之情相通也。若六五動而得中。明良際會。則皎日澄空。氛翳全消。純熙之運至矣。風雨晦冥。其何傷日乎。初爻如日初出。故往有尙也。二爻如日方中。故有孚吉也。三爻明爲沫蔽。四爻明爲斗掩。五與二相應。所以賚明。上則豐極而凶矣。六爻皆有明象。而爲災爲疾。爲沫。爲斗。爲凶。皆足以蔽其明而害其動。惟五獨得其吉。彖所謂王假之。尙大也。在此爻矣。

大象曰。雷電皆至。豐。君子以折獄致刑。

此卦震爲雷。離爲電。雷電相合。威勢盛大。電主明。雷主威。象曰。雷電皆至。有威明兼備之象焉。明以折獄。則獄得其情。斯天下無遁情矣。威以致刑。則刑當其罪。斯天下無遺奸矣。君子見豐之象。推威嚴光明之德。洞悉奸僞。以明運威。故能察亦能決。以威濟明。故無枉亦無私。天之震怒也。雷聲之作。電火在先。此其象也。得離之明者。爲噬嗑賁豐旅四卦。大象俱有用刑之義。噬嗑明在上。象君子在上。故爲明罰勅法。豐明在下。象君子在下。故曰折獄致刑。

(占)問時運。運氣旺盛。但當豐不忘歉。斯豐可長保矣。○問營商。財利豐盛。但須公平謹守。否則恐有訟獄牽連。○問功名。雷電有威名發達之象。宜任刑官。○問戰征。雷電皆至。見兵威顯赫。聲勢遠揚。攻戰必克。○問婚姻。世稱雷爲公。電爲母。是天合也。○問家宅。宅向東南。財氣頗豐。○問疾病。是肝火上升之症。宜洩肝瀉火之劑。尤宜靜養。○問失物。皆速追究可得。○問行人。防有訟事糾纏。○問六甲。單月生男。双月生女。

初九。遇其配主。雖旬无咎。往有尚。

象傳曰。雖旬无咎。過旬災也。

配。鄭作妃。卦體震上離下。初本震爻。爲諸侯。初與四應。故以四爲配主。初九爻辰在子。九四爻辰在午。君南面。臣北面。初以修禮朝四。四以匹敵厚恩遇之。雖留十日。不以爲咎。正以十日者。朝聘之禮。自行聘至問大夫。才五六日。即事畢請歸。鄭註。謂主國留之。饗食燕獻。無日數。盡殷勤也。主雖綢繆。而客行淹久。樂不可般。旬以內。尙不踰節。故无咎。往有尙者。其往或因助祭而行朝聘。或因入朝而遇助祭。留之經旬。神人歡洽。故爲可尙。然以旬爲限。過則非常。象傳謂過則災生。蓋凜凜于日中之之戒。示以盈滿爲懼也。或以旬始爲星名。史記天官書。旬始出於北斗旁。狀如雄雞。二爻曰斗。三爻曰沫。斗沫皆星名。言其蔽明也。初以旬始爲星。爻象相同。義亦可取。

(占)問時運。得其相助。可有十年好運。○問營商。當有巧當貨物可售。旬日之內。即可獲利。過旬則不利。○問功名。邂逅相遇。適我願兮。即日當有佳報。○問戰征。兩敵相遇。當速即進兵。十日外。恐有敗象。○問婚姻。姻緣相當。即日可成。遲則不諧。○問疾病。得遇良醫。旬日可愈。遲久不治。○問訟事。得遇良吏。即可斷結。遲緩不了。恐有外禍。○問失物。宜速尋。○問六甲。生女。

(占例)明治三十一年。占英佛兩國交際。筮得豐之小過。

爻辭曰。初九。遇其配主。雖旬无咎。往有尙。

斷曰。豐者。雷電相遇。百物豐饒之卦。以國家交際擬之。是兩雄並峙。有各不相下之勢。今占英佛兩國交際。得此初爻。初與四應。當以初爻屬英。四爻屬佛。爻象內外相應。就兩國外勢觀之。若相和好。而實則兩陽相軋。各挾猜疑。勢必隱相侵奪。何則。內離明。外震動。明者多謀。動者多勇。各爲其國。亦各用其長。明與勇遇。適足相敵。故曰遇其配主。英善謀略。是明也。佛長雄武。是勇也。旬。均也。謂其勢力相均也。由此而更進焉。明者不自恃其明。且進而明其德。勇者不自恃其勇。且進而勇於義。斯豐者可長保其豐矣。故曰往有尙也。

六二。豐其蔀。日中見斗。往得疑疾。有孚發若。吉。

象傳曰。有孚發若。信以發志也。

六二居離之中。爲明之主。日中之象也。蔀。虞謂日蔽雲中。王弼謂蔀覆。曖障光明之物。鄭作菩。說文菩。草也。廣韻蔀。蔀草名。震爲草。故取象於草。離夏之時。草木蒙密。故曰豐其蔀。按諸說取象雖不同。而爲蔽明則一也。斗者星名。春秋運斗樞曰。北斗七星。第一至第四爲魁。第五至第七爲杓。合爲斗。九四震動。斗柄之象。斗柄左旋。日體右轉。日中非見斗之時。日中見斗。則有斗無日矣。喻言殷紂昏亂。奸臣弄權。儼如晝日掩光。而宵斗騰輝也。故曰日中見斗。當羣奸蔽惑。雖周文之聖。猶不免羑里之囚。故曰往得疑疾。有孚者。即彖所云王假也。文以忠貞服事。至誠相假。是以紂志可回。蔽障開而疑疾自去矣。故有孚發若。轉凶而爲吉也。象傳曰。信以發志。爲言後世人臣。忠而被讒者。能以積誠寤主。無不可假也。

(占)問時運。能以蒙難艱貞。自得逢凶化吉。○問營商。見識不明。渾如白晝昏暗。不能辨事。致生疑忌。當以至誠待人。得人扶助。方可獲利。○問功名。始凶終吉。

○問戰征。屯軍於豐林茂草之間。伏藏不發。往則恐有不利。必待敵兵內應。一發必得大勝。吉○問婚姻。始疑終諧。○問家宅。此宅花木太盛。日光被掩。致聰牖失明。必須開豁明亮。方吉。○問疾病。是胸襟不明。積疑成疾。宜以婉言開導。疑竇一開。病體自愈○問失物。被塵汙所掩。宜撥開蕪草。可尋得之。或在斗升之間。○問六甲。生女。

(占例)明治三十一年。占自由黨氣運。筮得豐之大壯。

爻辭曰。六二。豐其蔀。日中見斗。往得疑疾。有孚發若。吉。

斷曰。爻辭曰日中見斗。日陽象。斗爲星。星陰象。豐其蔀。蔀草也。草亦陰象。日陽爲君。星爲臣。草則庶民也。白晝見斗。是陰蔽明。臣蔽君也。今占自由黨氣運。得豐二爻。自由黨者。本是庶民之私議。欲以上干政府也。其議皆出自草莽之徒。故謂之豐其蔀。以下犯上。即以陰掩陽。猶如妖星而犯日也。故謂之日中見斗。自由黨魁。曰星亨。可謂明證矣。星氏論說狂妄。干世疑忌。人多疾惡。故曰往得疑疾。自由黨如能翻然悔悟。不以勢力相凌。而以貞誠相感。斯發言盈廷。咸得順從也。故曰有孚發若吉。自由黨於十二議會。以反抗政府。致干解散。後當十三議會。星氏有所悔悟。遂順從政府之議。得以无咎。

九三。豐其沛。日中見沫。折其右肱。无咎。

象傳曰。豐其沛。不可大事也。折其右肱。終不可用也。

毛西河引劉熙云。沛者。水草相生之名。公羊傳草棘曰沛是也。豐其沛。喩言紂朝群奸在下。如水草叢生。蒙密而蔽明也。三居内外之間。得巽氣。巽之剛爻爲木。柔爻爲草。故取沛爲水草。沫。鄭作昧。服虔云。日中而昏是也。王莽傳地皇元年二月壬申。日正黑。莽惡之。下書曰。日中見昧。陰薄陽。黑氣爲災。即引易此文爲證。九家易云。沫斗杓後。小星。即輔星也。按輔星在斗第六星左。漢書。翟方進傳輔湛沒。張晏曰。輔沈沒不見。則天下之兵銷。是輔見則有兵禍。二說爲昏爲星。所据不同。要皆爲周興殷亡之兆。折其右肱者。臣以君爲元首。君以臣爲股肱。文爲西伯。故曰右肱。紂聽讒言。囚文於羑里。是折其右肱也。然當時雖三分有二。文能篤敬止之節。終身事紂。故右肱雖折而无咎。傳曰。不可大事。三居離之極。謂人心旣離。天下大事。其已去矣。傳又曰。終不可用。三與上相應。上處震之極。爲卦之終。上爻曰闃其无人。紂之所以爲匹夫。故曰終不可用也。

(占)問時運。運途顚倒。明明白晝渾如黑夜。防有災禍。幸一時身命。尙无恙也。○問戰征。沛或作旆。謂旛旆飄揚。卒軍前進。防風雲有變。卒時昏暗。右軍有失。○問營商。防貨價漲落不測。致被耗折。○問功名。終不可用。○問疾病。防右肱有損。○問家宅。田園荒蕪。水草叢生。右廡已傾。暫居而已。終不可用也。○問六甲。生女。

(占例)友人某來。爲加入某會社。請占會社之吉凶。筮得豐之震。

爻辭曰。九三。豐其沛。日中見沬。折其右肱。无咎。

斷曰。三爻處震離之間。震爲草。離爲光。曰豐其沛。日中見沬。象爲震草蒙密。以致日色無光。以會社言。必是社中小人衆多。反令君子無權。蓋以草喩小人。播弄其間。卒令白晝昏黑。不見天日。即所謂日中而昏也。折其右肱者。社中用事之友。即爲社中之手足也。手之動用。全在右肱。折者。執而去之也。謂去其社中弄權之尤者。斯會社可无咎矣。爻象如此。勸君以不入爲可。友人聞之。因此中止。後會社未幾果閉。友人於是感易占之妙也。

九四。豐其蔀。日中見斗。遇其夷主。吉。

象傳曰。豐其蔀。位未當也。日中見斗。幽不明也。遇其夷主。吉行也。

四居外卦之始。爲動之主。其爻象與二同。四之蔀。猶二之蔀也。四之斗。猶二之斗也。但二以陰居陰。離日被掩。四則陽剛發動。王心感假。障蔽開而疑疾消矣。夷主之遇。即彖所云王假也。二以疑疾而凶。四以遇主得釋。遇則吉矣。故曰吉。彖曰。王。文所稱也。爻曰夷主。周公據其實而夷之也。豐沛見斗。傳獨於四釋之。邪之害正。其蔽始於近習。故曰位不當。陰之掩陽。其災見於白晝。故曰幽不明。震爲行。行得所遇。故曰吉行。

(占)問時運。曩時被人蒙蔽。今能翻然改作。得好際遇。可以獲吉。○問戰征。兵入幽谷。不知去路。不見天日。幸遇鄉導。得以前行也。○問營商。前因貨物。眞贋混雜。難以消售。今始得遇受主。方可獲利。○問功名。得此絕好際遇。名可立就。吉。○問婚姻。良緣巧遇吉。○問家宅。此宅苦於地位不當。幽闇不明。得遇其人。動作一新。則吉。○問疾病。病在目中生翳。所視失明。得良醫。病可治也。○問六甲。生男。

(占例)豪家支配人某來。請占運氣。筮得豐之明夷。

爻辭曰。九四。豐其蔀。日中見斗。遇其夷主。吉。

斷曰。豐其蔀。言草之盛也。日中見斗。斗而晝見。是晝晦也。其害皆足以蔽明。四以陽居陰。爻象是陽爲陰所蔽。幸四入震。爲動之主。一動則撥開雲霧。得以重見天日。以得遇其夷主。今足下問氣運。得此爻象。知足下曩時必爲人所抑制。不得自明。今幸得遇逢財主。可以謀事。但此主素性昏庸。故稱曰夷主。惟足下誠實素著。得以信任無疑。傳曰吉行。可以獲吉矣。

六五。來章有慶。譽吉。

象傳曰。六五之吉。有慶也。

五居內卦之中。五與二應。二言往。五言來。蓋五視二爲來也。章。美也。慶。賞賜也。譽。聲稱也。二既得以往而有孚。五乃因其來而有慶。蓋隱指文獻文馬。紂錫弓矢之事也。慶出於紂。譽歸於文。豐在是。吉亦在是焉。所謂一人有慶。兆民賴之。二之慶。亦五之慶。故二五之吉同也。

(占)問時運。盛運大來。實至名歸。吉莫大焉。○問營商。貨物往來。無不獲利。更可得名。○問功名。得膺恩賞。名利兼全。大吉。○問婚姻。天合良緣。門楣既顯。嫁資亦豐。吉。○問戰征。可不戰而成功也。奏凱而還。得邀封賞。吉。○問家宅。必是旌表名門。吉。○問疾病。有名醫自來。即可全愈。○問訟事。訟了。且可得賞。○問行人。即日可歸。且有喜事。○問失物。不尋自來。○問秋收。大有豐年。○問謀財。不求自來。○問六甲。生男。主貴。

(占例)親友某富翁來。請占氣運。筮得豐之革。

爻辭曰。六五。來章有慶譽。吉。

斷曰。卦名曰豐。必是豐富之家。五爻居尊。爲一家之主也。爻辭曰章。曰慶。曰譽。曰吉。皆全美之象。占者得此。氣運之盛。不待言矣。但全卦論之。有離明被蔽之象。必是家臣弄權。家主被惑。以致善惡不分。百事顚倒。惟二爻爲正直可靠。五能聽從二爻之言。知二之美而嘉納之。賞賜之。二之慶。即五之慶。吉莫大焉。足下於家臣中。宜愼擇其人。去邪任賢。斯家道日隆。身運日旺。爻象如此。吉與不吉。即在轉移間也。

○岩手縣閉伊郡田老村商人。落合總兵衛者。余之舊交也。雖其人已故。而音問不絕。本年六月。傳聞該地海嘯。村民死亡靡有孑遺。探問未得覆報。心深憂之。乃爲一筮。得豐之革。

爻辭曰。六五。來章有慶譽。吉。

斷曰。豐者大也。海嘯者。災害之大者也。爻辭曰有慶譽。吉。料渠一家之中。必有俾脱此災害者。近日當有來報也。後確知該村當時被災。全村漂沒。落合氏家。惟次男總三郞。四男兵吉。以先時趨赴隣村。得以免禍云。

上六。豐其屋蔀其家。闚其戶闃其无人。三歲不覿。凶。

象傳曰。豐其屋。天際翔也。闚其戶。闃其无人。自藏也。

豐其屋者。自高也。蔀其家者。自蔽也。豐大其屋。又障蔽其家。亦有行其庭不見其人之象也。上六重陰。居卦之極。是動極成憊。明極生昏。豐極致衰。極其甚則宗社傾覆。宮室空虛。故曰闚其戶。闃其无人。闃即无人之狀。千令升以上爻爲說紂之亡。爲獨得其旨焉。上爲宗廟。三歲不覿。是必三歲不祀也。書曰。自成湯至於帝乙。罔不明德恤祀。至紂不肯事上帝。棄厥先神祇不祀。故廟中虛曠。三歲不覿也。紂惟深藏于瑤臺瓊室。以自娛樂。所謂七世之廟。可以觀德者。未幾而鞠爲豐草矣。故曰凶也。傳所釋天際翔也。際或作降。翔鄭王作祥。謂天降祥。祥變異之通稱。又所釋自藏也。藏諸家作戕。王作殘。鄭作傷。皆謂國滅而自亡也。

(占)問時運。有屋无人。大凶之象。○問戰征。營壘空虛。敗亡之象。○問營商。貨物空存。无人經理。凶。○問功名。身既不保。名於何有。○問婚姻。凶。○問家宅。田園雖富。必是破落之戶。人丁稀少。凶。○問疾病。命不久矣。凶。○問行人。歸聚無期。○問六甲。生男。防不育。

(占例)明治十五年某月。予因事至橫濱洋銀取引所。晤西村氏等三人。謂予曰。今以大藏省增稅過重。願求減輕。未知政府許否。請一筮決之。筮得豐之離。

爻辭曰。上六。豐其屋。蔀其家。闚其戶。闃其无人。三歲不覿。凶。

斷曰。豐者。大也。盛也。當洋銀取引所之盛大。日出納數十萬金。其商況之盛。全國罕見。是爲豐其屋蔀其家之象也。然取引所出納雖屬豐盛。恐就其內而窺之。亦有所不足矣。至所云願請減稅者。亦恐有其議。未必有其人也。即所謂闃其无人也。謂即使請減有人。恐遲之三歲。政府亦未必見許也。故曰三歲不覿。凶。於是三氏互相驚視。無語可答。至翌日。該店果然閉歇。

☲☶ 火山旅

爲卦內艮外離。艮。山也。離。火也。山者得主而有常。火者附麗而不定。有常者。象所寓之地。不定者。象寄寓之人。離者。麗也。別也。別其家。麗於外。此卦之所以名旅也。

旅。小亨。旅貞吉。

旅。羈旅也。人當失其本居。寄跡他鄉。所謂遠適異國。昔人所悲。亦安得曰大亨以正哉。但求得其所依。足以自存。是亦羈旅之小亨也。旅中之貞吉。即在此矣。故曰旅貞吉。

彖傳曰。旅小亨。柔得中乎外。而順乎剛。止而麗乎明。是以小亨。旅貞吉也。旅之時義大矣哉。

序卦傳曰。豐。大也。窮大必失其居。故受之以旅。旅。衆也。衆在外。謂之旅。三陽三陰。卦從乾坤來。坤三上居乾五。變離。作外卦之主。乾五下居坤三。變艮。作內卦之主。艮止爲體。離明爲用。止則得其所。明則知其往。斯不患窮大失居矣。其所以小亨貞吉者。柔而順乎剛。謂剛不忤物。柔不損己。止而麗乎明。謂止而能定。明而能察。旅道之正在斯矣。是以得其小亨。貞而獲吉也。古人學問。多從羈旅閱歷而來。往往於耳之所聞。目之所見。皆足增其知識。故曰旅之時義大矣哉」

以此卦擬人事。男子之生。以桑弧蓬矢。射天地四方。爲志在四方也。故士者負笈而游。商者載貨而往。凡有一技一藝。罔不遠客他鄉。各謀衣食。是旅本人事之常。至離父母。背鄉井。廓落無友。惆悵自憐。其窮阨而不亨也。亦無足怪。於不亨之地。而欲求其亨者。道唯在柔和以涉世。明察以審幾而已。柔則以悅相親。而與世無忤。明則以誠相接。而與人无欺。縱不能大有所得。亦可小亨。所謂貞吉者在此矣。夫行旅之不得其貞者。無他。患在過剛。亦患在不明耳。過剛者傲。剛則無以和衆。不明則昧。昧則無以保身。旅道窮矣。彖傳曰。柔順乎剛。止麗乎明所貴剛與柔之適中明與止之相附以是爲亨亦即以足爲吉也人生涉世一往一來皆旅之時一動一靜即旅之義天子有行在諸侯有朝會士大夫出疆農夫越畔皆旅也旅之爲時爲義所關豈不大哉

以此卦擬國家國家之要首重財用而所以使財用之流通者唯賴商旅耳端木子結駟連騎管夷吾官山富海皆所以開商旅之源也故善策富强者必計內外交通之益廣海陸運輸之程便舟車之往來課東南之美利財用由是而亨而行旅則由是而勞矣夫遺人有候居之館行役無失路之悲斯行客亦可少安矣大象曰山上有火火光所燭近者蒙其照遠者見其明喻言商者明能燭奸遠近無欺故曰旅小亨旅貞吉蓋重財利輕離別商賈之所以營生也權什一通有無朝廷亦藉以致富也方今之時歐米各邦國稅所關專以商務爲重是以海禁宏開洋船輻湊鑿絕島窮崖而開市率東夷北狄而來商商旅之道于斯爲盛易有前知故曰旅之時義大矣哉

通觀此卦艮山止而在內離火明而燭外下卦爲旅客遠行之象上卦爲于時

廬旅之象。互卦有大過。爲行邁跋涉之象。六爻中曰所。曰次。曰處。曰巢。各有其地也。曰災。曰焚。曰喪。曰亡。各有所失也。曰懷。曰得。曰譽。各有所獲也。大凡羈旅之人。宜柔和諧衆。不宜剛暴自恃。故六爻以柔爲吉。以剛爲凶。初以柔居下。是旅之微賤者。二柔中。故兼得。三過剛。故喪。四剛居柔。雖得不快。五柔中。小費大得。六剛遇高。大喪而凶矣。卦與豐反。聚則成豐。散則成旅。旅而能止。是旅之寄跡於外也。旅而遇明。是旅之擇地而蹈也。總之明有譽。昏有災也。得於柔。喪於剛也。爲笑爲號。時爲之也。曰貞曰厲。義所在也。聖人之棲棲者。爲道而行也。庸人之攘攘者。爲利而往也。夫非爲旅之故與。其爲旅則同。而其義要各有不同者焉。

大象曰。山上有火。旅。君子以明愼用刑。而不留獄。

山上有火。與賁之山下有火。相對之文也。艮爲山。離爲火。有火焚山之象。野火燒山。過而不留。君子取其象以聽訟。片言即折。故不留獄也。明取離之照。愼法艮之止。執法如山。不可移動也。燭奸如火。無可掩蔽也。以斯用刑。刑無枉矣。卦上互兌。兌爲刑人。故曰用刑。反卦豐。豐象折獄。故曰不留獄。

(占)問時運。運未全盛。宜明以察之。愼以防之。即有災害。可隨即解脫。○問營商。宜出外販運。隨來隨售。不可留積。○問功名。火在山上。有光明遠燭之象。升庸在即。○問戰征。須用火攻。○問家宅。愼防火災。○問婚姻。即日可成。○問疾病。是肝火上炎之症。其勢可危。生死在即。宜愼。○問訟事。即日可了。○問行人。即歸。○問六甲。上半月生女。下半月生男。

初六。旅瑣瑣。斯其所取災。

象傳曰。旅瑣瑣。志窮災也。

初居卦之最下。是始爲旅人者。瑣瑣。小也。斯爾雅曰。離也。所。即詩爰得我所之所。謂居處也。與二三爻曰次。四曰處。皆爲旅舍之地也。取其所者。謂旅行在外。因瑣瑣細故。遂致離其旅處。序卦曰。旅而無所容。離其所。則必無地可容矣。故取災。言其災由自取耳。傳推本於志窮。以其較量於瑣瑣之故。一有不遂。則離其旅處。不特旅窮而志亦窮矣。窮則招災。故曰志窮災也。

(占)問時運。出身既微。行運亦陋。孤身作客。恐難獲利。○問營商。資財微細。生業亦卑。難免災禍。○問功名。雖得亦卑。○問戰征。按五百人爲旅。軍力單薄。有敗無勝。○問家宅。地位委瑣齷齪。必小戶之家也。愼可免災。○問婚姻。詩瑣瑣姻婭則無膴仕。知非名門大族也。○問疾病。有小災悔。初起可治。○問六甲。生男。

(占例)友人某來。請占氣運。筮得旅之離。

爻辭曰。初六。旅瑣瑣。斯其所取災。

斷曰。旅。羈旅也。爲遠出他鄉。孤身隻影。羈旅無親。爻象以柔爲吉。以剛爲凶。蓋惟柔順和衆。斯不爲孤立也。初爻爲初次行旅。瑣瑣。小也。爲量淺陋。錙銖必較。以是取災。災由自取耳。今足下占氣運。得此爻辭。夫人生如寄。天地本逆旅也。散財和衆。則四海皆兄弟。歛財取怨。則坦途成荆棘。人苟委瑣齷齪。逐逐爲利。勢將無地容身。所謂旅而無所容也。災禍之來。必難免矣。足下宜大度寬容。無吝財。無招怨。和悅處世。所謂言忠信。行篤敬。雖蠻貊可行焉。

六二。旅即次。懷其資。得童僕貞。

象傳曰。得童僕貞。終无尤也。

即者。就也。次者。舍也。資者。貨也。幼者童。壯者僕。艮爲童僕。故曰童僕。離爲資斧。故曰懷資。二爻柔中居正。有即次之象。以虛承實。有懷資之象。柔順。則童僕亦盡其忠信。三事皆得其便宜。內不失己。而己無不安。外不失人。而人無不與。皆由柔順中正之德所致也。故曰旅即次。懷其資。得童僕貞。不言吉者。旅寓之際。得免災厲爲幸耳。象傳之意。亦不外此也。

(占)問時運。有財有人。運途中正。自无尤也。○問營商。得財則可以謀利。得人則可以供事。千里作客。可以无憂矣。○問功名。是以財捐納者。○問戰征。資財。即軍餉也。童僕。即軍卒也。餉足兵强。攻无不克。○問家宅。必是寄居之宅。喜得財用充裕。童從順正。家室和平。自无外禍也。○問婚姻。有富室贅婿之象。○問疾病。旅處得病。喜有童從。盡心服事。可以調養痊愈。○問六甲。生男。

(占例)明治十七年。余漫遊九州。一日往觀某石灰坑。其夜有社員過訪予寓。曰。君精於幹事。今日巡視𢿙坑。定有高見。幸請敎示。余曰。炭坑之業。余素所未諳。辱承諸君下問。敢爲一占以决之。筮得旅之鼎。

爻辭曰。六二。旅即次。懷其資。得童僕貞。

斷曰。本社在東京出店。遠隔九州。營謀坑業。諸君皆行旅在外者也。故曰旅即次。懷其資。得童僕貞。知此坑業。有財有人。可大可久。其所經辦。上下用人。皆正直無私。本可無憂矣。但三爻有焚次喪僕之象。明年防有火災。四爻曰。得其資斧。後年可以獲利。償其所失。五爻小失大得。坑業聲名。得以上達。是爲坑務全盛之時。惜上爻曰。鳥焚其巢。先笑後號咷。此象可慮。約應在五年之內也。宜預爲愼防。

九三。旅焚其次。喪其童僕。貞厲。

象傳曰。旅焚其次。亦以傷矣。以旅與下。其義喪也。

三爻處內卦之極。出艮入離。離爲火。故有焚象。艮爲居。爲舍。次。旅舍也。故曰焚其次。童僕隨侍於次者。次焚。而童僕亦喪。是背主而去者也。艮爲童僕。故曰喪其童僕。旅次焚。禍起不測。有由童僕之不戒者。亦有不由於童僕者。三爻童僕貞。然雖貞亦危。故曰貞厲。旅次經焚。身危資失。旅客固受傷矣。而在童僕。向承使令。一經焚災。深恐主人責問。舍此而去。亦其義也。故象傳兩釋之。

(占)問時運。運途顚倒。破敗重重。大爲可危。○問戰征。謹防火攻。尤慮軍心渙散。不戰自遁。○問營商。防有不測之禍。可危。○問功名。目下難望。必二年後。至五爻曰終以譽命。可以成名矣。○問婚姻。一時不成。難期偕老。○問家宅。防有祝融之災。○問疾病。本人可愈。兒女或童僕。難以保全。○問失物。必是童僕所竊。○問六甲。生男。

(占例)眞言宗高僧雲照律師。博識釋典。爲一宗之覺士也。余昔遊高野西京。時得相晤。明治十八年夏初。雲照師遇訪余廬。謂余曰。貧衲以虛無爲宗。吉凶悔吝。無復罣念。所以眷眷不忘者。惟在宗教之盛衰耳。敢煩一占。筮得旅之晉。

爻辭曰。九三。旅焚其次。喪其童僕。貞厲。

斷曰。夫旅親寡之卦也。在禪家離凡脫俗。身入空門。以四大爲禪房。以六道爲逆旅。凡一生所涉。悔吝吉凶。悉屬幻境而已。今律師占宗教盛衰。得旅三爻。在律師脫離本山。雲游世外。到處天涯。何有旅舍。隨身衣鉢。何有童從。八妄皆空。無所謂貞也。九根無碍。無所謂厲也。三昧之火既消。無所焚也。四禪之縛既脫。無所喪也。爻象所示。不足爲律師挂慮。按旅三變而爲晉。晉象傳曰。晉。進也。明出地上。離者。日也。象如佛日長明。普照大地。禪門之宗教。當有日進日盛之象。是可爲律師慶也。

九四。旅于處。得其資斧。我心不快。

象傳曰。旅于處。未得位也。得其資斧。心未快也。

四居離之始。離爲見。四之旅行。是往而求利見也。得位則進於朝。不得則旅於處。故傳曰未得位也。離爲資斧。故曰資斧。即春秋傳。所謂居則具一日之積。行則備一夕之衞是也。資與二懷資不同。二之資。由我而具。四之資。自外而來。故曰得離爲干戈。有斧象。斧所以爲衞也。四之所以僕僕行旅者。惟期得位乘時耳。乃所得而僅在資斧。所願未償。故其心不快也。以四初入離爻。文采未章。名譽未顯。故祿位。猶未得也。

(占)問時運。盛運未至。所得亦僅耳。○問營商。出外販運。少有獲利。未能滿望。○問功名。一時未得。容待來年。定可成就也。○問戰征。可以擄得敵糧。未能遽獲大勝。○問婚姻。嫁資頗厚。但是偏房。非正嫡也。○問家宅。地位不當。○問疾病。是心疾也。因謀望不遂。憂鬱所致。○問失物。可得。○問六甲。生女。

(占例)明治十八年某月。某貴顯來訪。曰。余知友某氏。今受外國公使之命。在某氏尚別有希望。不知成否。請勞一筮。筮得旅之艮。

爻辭曰。九四旅于處。得其資斧。我心不快。

斷曰。旅者出內向外之卦。出使外國。即旅行之象。凡使臣遠適異國。行則授餐。宿則授館。固其宜也。故曰旅于處。得其資斧。至舍使任而別謀位置。是得隴望蜀。恐未能如願以償。宜其中心不快也。迨五爻曰終以譽命。則所謀可遂矣。

六五。射雉一矢亡。終以譽命。

象傳曰。終以譽命。上逮也。

五爻柔順文明。爲離之主。離爲雉。又爲弓矢。故取象射雉。五動體乾。矢動雉飛。故一矢亡。五自坤三來。坤爲終。離爲譽。下互巽。巽爲命。故曰終以譽命。古者士以雉爲贄。射雉而得。是士之進身有階也。五以遠適他邦。得以射雉著能。一時翕然稱美。名譽上聞。而來錫命之慶也。故傳釋之曰。上逮也。

(占)問時運。運途柔順。小往大來。終有慶也。○問營商。雖小失。有大得也。名利兼全。○問功名。晚運亨通。聲名上達。○問戰征。有一鼓成功之象。○問家宅。翬飛鳥革。善美堪稱。○問婚姻。二五得應。世稱佳耦。○問疾病。想是身臨矢石。以忠殉難。得有錫命之榮。〇問六甲。有桑弧蓬矢之兆。男喜也。

(占例)明治二十四年。占某貴顯氣運。筮得旅之遯。

爻辭曰。六五。射雉一矢亡。終以譽命。

斷曰。五處文明之爻。雉鳥之有文者也。故離爲雉。射雉得之。言能取法文明也。矢發於近。集於遠。有旅之象。一矢雖亡。一雉可獲。小費大得。宜其聲譽上聞也。今貴下占氣運。得此爻。就卦象論。知貴下有奉命遠游之象。就爻辭論。知貴下有小往大來之慶。自維新以來。國家政令。多取法歐米。今貴下皇華奉使。遠適異國。一以敦兩邦之好。一以觀上國之風。彼所謂日進文明者。何難一舉而得之。譬如射雉可一矢而中的矣。則貴下之聲譽。可遠播於四方。貴下之使命。定榮邀夫三錫。是可爲貴下預賀焉。

上九。鳥焚其巢。旅人先笑後號咷。喪牛于易。凶。

象傳曰。以旅在上。其義焚也。喪牛于易。終莫之聞也。

離爲鳥。艮爲止。故曰巢。離爲火。互巽爲木。故曰焚巢。鳥之有巢。猶旅之有次也。三居內卦之極。剛而過中。故其次焚。上居全卦之極。高而忘危。故其巢亦焚。辭雖不同。其義一也。三至五互兌。兌爲說。爲口。有笑之象。離五曰出涕沱若。有號咷之象。先互兌。後入離。故曰先笑後號咷。離本坤體。坤爲牛。亦爲喪。故曰喪牛。牛性最順。旅卦全體。以柔順者吉。剛暴者凶。上以剛處極。失其順矣。是謂喪牛。易。不難也。喪其牛。勢必凶矣。象傳以旅處上極。猶如離木上槁。故曰其義焚也。終莫之聞者。喪牛於易。猶客死於外。無室無家。終无人過而問之者矣。大壯曰。喪羊。喪其狠也。旅曰喪牛。喪其順也。狠可喪。順不可喪也。

(占)問時運。行運已極。高而无與。樂極悲來。凶之道也。〇問戰征。防有焚營劫寨之危。〇問營商。先小利後大損。凶災疊至。可危可危。〇問功名。有喪无得。〇問家宅。有覆巢累卵之危。〇問婚姻。先成後散。先喜後悲。凶。〇問疾病。屬牛者必凶。〇問六甲。生女。不育。

(占例)明治廿四年五月。余游寓大阪。一日侵曉。有新聞記者數人。訪余旅舍。曰今回有一大事變。請爲一占。余詢爲何事。曰大津事變也。筮得旅之小過。

爻辭曰。上九。鳥焚其巢。旅人先笑後號咷。喪牛于易。凶。

斷曰。卦名曰旅。無論爲名爲利。或貴或賤。凡北馬南船。遨遊天涯。皆旅人也。旅人馳逐風塵。猶鳥之翺翔雲霄。鳥之栖集有巢。旅之止宿有所。其義同也。上居高位。有貴人之象。高而可危。有焚巢之慮。巢之未焚。安集可喜。巢之既焚。失所可悲。故有先笑後號咷之辭。牛所以駕車而行也。焚其巢。既不得其栖。喪其牛。又不便於行。不幾伥伥无之矣。占大津事變。得旅上爻。上爻處艮之極。艮反爲震。震爲主器。有太子之象。上爻又在位外。有太子出游在外之象。離爲火。火炎上。鳥巢於樹上。故象爲鳥焚其巢。是巢之焚。以高而在上。取凶也。今番大津之變。亦因露爲强國。太子又在高位。是以有此非常之禍。離又爲刀。故傷爲刀擊。傷在頭部。亦應上爻。當露太子始來我國。禮遇之豐。彼此歡洽。忽罹此變。彼此驚嘆。即所謂先笑後號咷也。是日露太子游至大津。意在輕車簡易。不駕輿衛。不知此一擊也。正因其易而來。故曰喪牛於易。離爲牛。故取象於牛。離又爲甲。

聞太子之帽。中有鐵甲。故无重傷。卦至上已終。出卦爲巽。巽爲歸。知太子必即罷游歸國矣。象傳曰。終莫之聞。料知太子無恙歸國。在露國亦以狂暴目之。置之不聞而已。至兇犯津田三藏之罪。旅大象曰。君子明愼用刑。而不留獄。當以速決無疑。余明晰以斷。新聞記者咸皆驚服。此占爲關兩國交際。未許刊揭報紙。謹錄以呈扈從諸大臣。

後見大阪朝日新聞報。刊載副島伯所論。謂津田兇犯。宜速處決。此言正合易旨也。

䷸ 巽爲風

序卦傳曰。旅而無所容。故受之巽。巽者入也。爲卦二陽在上。一陰伏下。陽實陰虛。虛則能入。風無形無色。本虛象也。風之所行。無隙不入。是物之虛而善入者。莫如風。巽下畫二偶爲虛。故象風。以卑順爲體。以容入爲用。此卦之所以名巽也。

巽。小亨。利有攸往。利見大人。

巽本乾體。乾德元亨。亦稱大亨。初動成巽。純剛化柔。故爲小亨。卦象言利有攸往者。大過恒益。皆取巽也。過剛之人。所往必窮。巽以坤初一陰入乾。以柔濟剛。黽勉前往。巽爲利。故利有攸往。大人指二五。巽二五皆乾體。乾二五皆利見大人。巽之彖辭從乾來。乾爲利。上互離。離爲見。故巽彖亦曰利見大人。

彖傳曰。重巽以申命。剛巽乎中正而志行。柔皆順乎

剛。是以小亨。利有攸往。利見大人。

卦象上下皆巽。謂之重巽。巽爲命。申亦重也。申命者。一再告誡也。卦以初四爲柔。得坤氣爲卦之主。四剛在上。爲卦之用。故傳特著之曰剛巽。用剛之過。患在不得其中正。而用剛莫善於巽。故傳又曰剛巽夫中正。夫是以柔之行。皆剛之行。剛之行。亦柔之行。斯令出風行。捷如影響。而無不如志也。初四之陰柔。適協夫二五之陽剛。故又曰柔皆順乎剛。陽爲大。陰爲小。故曰小亨。自下往上。謂之往。陽剛在上。故利於往。大人者。秉陽剛之德者也。故利於見。是即所謂順乎剛也。順乎剛者。必善用柔。此巽之所以爲巽也。

以此卦擬人事。正義曰。若施之於人事。能自卑巽者。亦无所不容。是人事之善。莫善於用巽也。卦體上下皆巽。顯見巽而又巽。凡有作爲。只能附剛而立。不克自樹。所成不大。故曰小亨。夫人不能無所往也。亦不能無所見也。往必求其利。見必以大人。因人之所願也。然卦體一陰爲主。二陽俯從。全在用巽。象爲重巽。是其人秉性柔順。一言一語。必爲之審愼周詳。從容曉諭。所謂巽與之言是也。

然巽言而人不繹者。弊在偏於巽耳。故巽必兼以剛而巽乃善。謂之剛巽。是法與巽並用。婉而得中。順以爲正。斯令出唯行。謂之剛巽乎中正而志行也。究之其志得行。其道未宏。何也。以其柔順乎剛。是以小亨。巽爲進退。進即往也。風無往而不入。故往有攸利。說卦傳曰。齊乎巽。相見乎離。離象爲大人。故巽曰利見大人。蓋人以身涉世。行則有往。用則求見。道宜剛柔相濟。義以中正爲衡。大象曰。君子申命行事。道亦不外乎是矣。

以此卦擬國家。巽之爲象。行於天上爲風。行於國中爲命。風者。彼蒼之號令。其入物也無所不至。命者。人君之號令。其入人也又無所不至。故上卦爲政府。上順天命以發命令。而無拂民心。下卦爲人民。順承朝廷之條教。而無敢背違。上以巽道化下。下以巽道事上。上下皆巽。所謂君子之德風。小人之德草。草上之風必偃者。爲國家安泰之象也。然天下之事。濟以陽剛則道宏。處以陰柔。則量隘。此卦以陰爲主。才力弱而展布者微。謀爲疎。而設施者淺。不中不正。雖亨亦小矣。係辭傳曰。巽。德之制也。又曰巽以行權。所謂德者。必柔克剛克之相兼也。

所謂權者。必可立可權之並行也。昔者於變之朝。謨陳九德。寬栗剛塞。相輔而行。發號施令。罔不用中于民。而四方于以風動者。有由來矣。此即所謂剛巽乎中正而志行也。大象曰。隨風巽。撓萬物者莫疾乎風。誥四方者莫不有命。風流令行。政敎如此其遠布矣。往者以順而往。見者以順而見。六爻以其柔順乎剛。是以多吉。上爻失其所以爲巽。則凶矣。

通觀此卦。卦體一陰伏二陽之下。陽上陰下。情本相得。而陰又能下。其入陽也。陽遂俯聽其令。是以陰爲主而陽爲從也。故巽之陰。能權能制。非優柔而寡斷也。卦畫一偶象虛。凡物虛則能入。風亦虛也。故取其象於風。風行而萬物鼓舞。令出而萬民率從。風有聲無形。命亦有聲無形。故取其象。善令民者。卑虛以察閭閻之情。然後從容曉諭。命之既申。然後畫一遵守。以考厥成。所謂剛巽乎中正而志行。四之所以有獲。五之所以无不利也。惟其柔順乎剛。故六爻多吉。初之進退。二之紛若。其謀審也。故其命順。若謀不審。是非不明。可否不衷。徒以甘言爲驩娛。誰其順之。不巽之咎。起于自用。故下卦謀順出命。上卦行命爲事。初志疑而不斷。二詳審折衷。三不中正。不能謀。又不能斷。四以斷有功。五制命中正而志行。上巽懦无能。甚於九三。其究爲躁。故凶。巽者。選也。與算通。算故能權。權者。謀也。巽稱而隱。非唯諾奉之謂也。以天下之至柔。馳騁天下之至剛。爻辭曰武人。曰田獲。曰資斧。其象爲高。爲長。故巽非徒柔也。陰陽剛柔。相濟爲用。若以陽乘陽。則陽無所施。以剛用剛。則剛無所入。陰虛以承陽。柔順以用剛。故用剛莫如巽。此象所以謂之小亨也。然則五之象曰。先庚後庚者。何也。巽與兌相往來。巽位東南。天干甲木。兌位正西。天干庚金。木柔而能剛。故從直金剛而能柔故從革。木之性上遂。歸根於土故順下。金之性下沈。利于致用。故悅上。順故從繩而理解。悅故從革而響利。巽之時爲春。兌之時爲秋。萬物齊于巽。悅于兌。一出一入。一始一終。而天地西南之用畢。二卦相資。金反爲木。則爲後甲。故隨之兌。反爲蠱之巽。兌爲先甲。自秋還春。有事之象也。木反爲金。則爲後庚。故巽上反爲兌下。則巽爲先庚。自春往秋。悅利之象。巽入而隱伏。則不悅。故反兌。兌出而毀折。則不順。故反巽。然兌未有不順而能悅者。金未有不資木而能剋者。故巽以陽順陰而來下。兌以陽悅陰而往上。往來屈伸。自然之法象也。此巽之不爲蠱者。唯以九五之一爻而已。聖人戒人君。制命於未亂。因以蠱之彖辭。爲巽之爻辭。在蠱振飭更新。治亂相循。故先甲後甲。終則有始。在巽勿勞更始。惟申命行事。故先庚後庚。无初而自有終也。蓋甲有初。庚無可爲初。庚後三日。以癸終而已。苟顚覆自用以爲命。與委靡阿順以爲巽者。皆非申命之治。而蠱且至也。是爻所以戒九五也。

大象曰。隨風巽。君子以申命行事。

隨者。相繼之義。申命行事者。伸告君命而奉行之也。巽爲從。從者隨也。又巽爲風。以風隨風。無乎不入。故曰隨風。隨風者。猶言從風。即重巽之謂也。風行相隨。所向皆靡。號令所施。順合民心。民無不從。所謂君子之德風也。又上卦之巽。爲大君施命之象。下卦之巽。爲臣民奉命之象。夫君命臣行。君臣之大義也。故曰君子以申命行事。

(占)問時運。運途順遂。百事盛宜。○問營商。商業最宜隨機應變。聽命而行。斯可獲利。○問功名。風從虎。有虎變之象焉。○問戰征。軍令之行。捷如風火。令出唯行。無可遲疑。○問婚姻。憑父母之命。媒妁之言。禮之正也。夫唱婦隨。百年偕老。吉。○問疾病。是風痺之症。須人扶持而行。○問訟事。須重申稟訴。○問失物。爲風飄失。須重番尋覓。或可復得。○問六甲。生女。

初六。進退。利武人之貞。

象傳曰。進退。志疑也。利武人之貞。志治也。

初爻陰柔居下。爲巽之主。巽。順也。柔順少斷。故象爲進退。狐疑不決。每見於發念之初。蓄疑敗謀。此志之所以不治也。巽反成兌。兌爲武人。武人果決。足以斷疑。故曰利武人之貞。貞者。正也。斯剛強奮發之氣。可以矯逡巡畏縮之偏。象傳釋以志治。是以武治疑。即以兌制巽也。

(占)問時運。運途不正。心神猶豫。是以謀事皆顚倒無成。○問營商。巽本爲利。因疑而敗。以斷而成。知猶豫者必難獲利也。○問功名。就武可成。○問婚姻。不在彬彬文士。而宜桓桓虎臣。○問家宅。此宅朝東南。地位不當。進退不便。宜改朝西爲利。○問六甲。生女。

(占例)友人某來。請占氣運。筮得巽之小畜。

爻辭曰。初六。進退。利武人之貞。

斷曰。巽者。風也。風之爲物。或東或西。來去無常。猶多疑之人。進退無定也。武人者。取其剛果能斷也。今足下占氣運。得此初爻。巽爲七八月之卦。巽又爲木。知足下現交木運。時値初秋。木因風吹。搖動不定。喩言人心疑慮。以致進退不決。武人者肅殺之象也。天以肅殺而成秋。猶人以剛決而成事。足下一味巽柔。臨事不斷。渾如隨風飄蕩。毫無定見。本爲畏事。不知反以多事。勸足下當以沈潛剛克處之。爲得其正矣。

九二。巽在床下。用史巫紛若。吉。无咎。

象傳曰。紛若之吉。得中也。

巽爲床。床下爲初。巽以一陰在下。故曰床下。凡陰氣中人。必使其人神魂不定。疑鬼疑神。若有物憑之者焉。非用剛克。不能去其疑妄。史者掌卜筮之官。巫者掌祓禳之官。皆取諸兌象。兌又爲附決。用史以釋疑。用巫以禳災。斯得感格於上下神祇。而吉祥彙集也。故曰紛若吉。紛。衆多之稱。若。語辭。象傳以得中釋之。謂能行得其中。以感孚夫神祇。是以有紛若之吉也。

（占）問時運。得神明保佑。運途多吉。○問營商。凡販運貨物。有不決者。宜問諸卜筮。自能迪吉。○問功名。得有神助。吉。○問戰征。地位既低。進退兩難。當此之時。惟告求神明。自可獲吉。无咎。○問婚姻。卜之則吉。○問家宅。宜禱。○問疾病。宜祭禱床公床婆。自得无咎。○問六甲。生女。

（占例）某縉紳來請。占方今時勢。筮得巽之漸。

爻辭曰。九二。巽在牀下。用史巫紛若。吉。无咎。

斷曰。巽者。柔順也。其爲人必柔弱無能。亦優柔寡斷。九二曰。巽在床下。有匍匐床下。俯首乞憐之狀也。足下占時勢。得此爻辭。知方今時勢。朝野上下。一以巽諛成風。以忠厚爲迂疎。以奸詐爲得計。所謂伺候於公卿之門。奔走於形勢之途。今之士大夫所恃爲進身之要策也。不知愈趨愈下。世道日衰。而禍患之來。皆其自取。爻辭曰。用史巫紛若。吉。蓋明示以卑巽之道。用之權貴。則謂諂諛。用之於神明。則謂誠求。誠求於神。神必佑之。是以吉而无咎也。足下有心挽回時勢。可知所從事矣。

九三。頻巽。吝。

象傳曰。頻巽之吝。志窮也。

三爻以陽居陰。處下巽之極。頻者。數也。下巽終而上巽接。故曰頻巽。所謂剛巽乎中正。固非徒取夫巽也。九三乃亟亟于巽以繼巽。若一巽爲不足。而又加一巽焉。是第知巽之爲巽。而不知制巽之道。偏於巽者也。偏則吝矣。吝則窮矣。象傳以志窮釋之。三居巽之終。志卑道屈。是終窮也。

(占)問時運。目下運途卑低。未免爲人所賤。○問戰征。一味委靡。力弱志衰。難以免辱。○問功名。卑而又卑。所得亦微矣。○問營商。巽順過甚。未能與人爭強。何能獲利。○問婚姻。門戶低微。成亦可羞。○問家宅。屋宇低小。必是貧窮之戶。○問訟事。因弱被欺。咎亦自取。○問六甲。生女。

(占例)友人某來。請占氣運。筮得巽之渙。

爻辭曰。九三。頻巽吝。

斷曰。九三處內外卦之間。巽而又巽。謂之重巽。是一味委靡。不能免禍。反致啓羞。足下占氣運。得此爻辭。知目下運氣柔弱。無力奮興。當以彖所謂剛巽乎中正者處之。斯巽得其濟。而足以自強。則其志可行。其道不窮矣。

○明治三十年。占貴族院氣運。筮得巽之渙。

爻辭曰。九三。頻巽吝。

斷曰。爻曰頻巽。是上下皆巽。正義以頻爲頻感憂戚之容。謂志意窮屈。不得申遂。處巽之時。只得受其屈辱。故曰頻巽吝。今占貴族院。得此爻辭。知方今院中議員。皆以巽順爲懷。行巽之道。處巽之時。志窮力弱。只得受其屈辱。以致頻感不樂也。本年貴族院。必无功績可見。

六四。悔亡。田獲三品。

象傳曰。田獲三品。有功也。

四爲重巽之主。得中而順乎剛。故悔亡。四與初同體。初曰利武人。取離之爲甲冑。爲弓矢。四曰田。亦取離之爲網罟也。其象亦相同。周禮四時之田。皆前期示戒。及其聽命。即大象所云申命行事之義也。獲。田所獲也。三品者。一乾豆。二爲賓客。三爲充君之庖。象傳以有功釋之。如詩豳風所咏。獻豣私豵。載續武功。謂致禽饁獸而有功也。一云。解九二曰。田獲三狐。言去小人也。巽九四曰田獲三品。言用君子也。

(占)問時運。運途得正。災悔俱亡。出而有功也。○問戰征。從東南進兵。自得斬獲有功。○問功名。當以獻功獲賞。出身成名。○問營商。當以采辦皮革羽毛等品致富。○問婚姻。婚禮。古時弋鳧射雀。亦田象。○問疾病。曰悔亡。病必可愈。○問失物。可得。○問六甲。生女。

(占例)橫濱某商來謁曰。僕今欲謀一事。請占其得失。筮得巽之姤。

爻辭曰。六四。悔亡。田獲三品。

斷曰。巽爲近市利三倍之卦。六四爲重巽之主。足以當之。今占得四爻。四悔亡。田獲三品。是明言无悔而有獲也。子之謀事。其有大利可知也。子勿疑。舉全力而從事可也。某大喜。乃彙集資金。直赴日光會津地方。采買人參。轉售與淸商。果得大利云。

九五。貞吉。悔亡。无不利。无初有終。先庚三日。後庚三日。吉。

象傳曰。九五之吉。位中正也。

九五。居卦之尊。中而且正。是即剛巽乎中正之大人也。故諸吉俱備。先庚三日爲丁。丁者。取丁寧告誡之意。後庚三日。爲癸。癸者。取癸度周詳之義。卦體五動成蠱。蠱六五曰先甲三日辛。後甲三日丁。巽九五曰先庚三日丁。蠱終于丁。而巽則始於丁。不始於先甲之辛。爲无初也。癸爲十干之終。巽終後庚之癸。爲有終矣。故曰无初有終。蠱爲三月之卦。春旺於木。故用甲。巽爲八月之卦。秋旺於金。故用庚。木腐生蟲成蠱。巽用金尅之。斯不至變而爲蠱矣。故蠱用甲。而有小悔。无大咎。爲巽用庚。乃得貞吉而悔亡。象傳即以位釋之。謂其中正而得吉也。凡六十四卦中。於九五言貞吉悔亡者。惟此一卦而已。

(占)問時運。逢丁癸日作事。无往不利。大吉。〇問營商。生業宜取木爻。日辰宜用金日。初有小悔。後必大利。吉。〇問功名。位得中正。爻曰貞吉。逢丁癸之年。必得成名。〇問戰征。其於師旅。必丁寧以告誡。其於地勢。必周詳以揆度。臨事好謀。先後不怠。故戰無不勝。大吉。〇問婚姻。丁火癸水。水火相妃。吉。〇問家宅。其宅坐北向南。地位中正。大吉。〇問疾病。三日可愈。〇問六甲。生女。

(占例)明治二十四年。占某貴顯氣運。筮得巽之蠱。

爻辭曰。九五。貞吉悔亡。无不利。无初有終。先庚三日。後庚三日吉。

斷曰。據爻象而論。氣運以金水爲旺相。自丁至癸。七年間正交盛運。所謂貞吉悔亡。无不利也。大象曰。位得中正。知貴下本年必陞晉顯職。祿位益隆。正當有爲之時也。卦體九五。動變六五爲蠱。蠱者腹內蟲也。喻言國政之內亂也。貴下能法乎巽之用庚。庚者更也。以巽行權。因時制宜。更舊從新。命必以丁寧申之。事必以揆度行之。象所謂用巽乎中正而志行者。是在貴下焉。

上九。巽在牀下。喪其資斧。貞凶。

象傳曰。巽在牀下。上窮也。喪其齊斧。正乎凶也。

上與初爲終始。初在下多疑。既示以武人之貞。至於上居卦之極。位高責重。任事益當勇決。何得一味畏葸。自甘退伏。同於二之牀下。宜其高而益危。無以自立也。齊斧者。虞喜志林云。齊當作齋。齋戒入廟而受斧。謂上身居高位。入廟受斧。自足振其威權者也。蓋即初利用武人之義。乃巽順不斷。失其威權。是即所謂喪其齊斧也。畏事而事益滋。避禍而禍反集。故曰貞凶。傳以上窮釋在牀下。以上之高居廊廟。畏首畏尾。無異伏處牀笫。其窮爲可哀也。以正乎凶釋貞凶。明過巽者之失其正矣。失其正。是以凶也。

(占)問時運。運途不正。作事委靡。愈高愈危。有喪無得。凶。○問戰征。身爲主帥。畏首畏首。必致喪師辱國。身亦危矣。○問營商。可斷不斷。因循失時。耗損必大。○問功名。必不能保其終也。○問婚姻。有懼內之象。難期偕老。凶。○問家宅。主有喪服。凶。○問六甲。生女。

(占例)明治二十四年。占國運治亂。筮得巽之井。

爻辭曰。上九。巽在牀下。喪其資斧。貞凶。

斷曰。上九處卦之極。極則思反。正當有爲之時。上爻地甚高。更事既多。任事愈重。威權在手。正可獨斷獨行。國家當此隆會。得此人材。奮然振作。力求富强。不以巽懦自安。則反弱爲强。轉貧爲富。不難旦夕期之。所患安於目前。不期上理。

委靡不振。甘居人下。一切邦交等事。皆畏葸聽從。不自爭强。商務來往。既喪其財。國事交涉。又喪其威。是所謂喪其資斧也。維新以來。政府所急急圖治者。雖以取法歐米爲善策。然所取法者。多在皮毛。未得窮其精蘊。故事事出於歐米之下。是即所謂巽在牀下也。爲今之計。當重申命令。相期與天下更新。無因循。無苟且。當奮斧鉞之威。以行其剛巽之志。斯武備修明。即駕於歐米之上不難矣。是治道日隆之休也所願秉國政者努力圖之。

☱ 兌爲澤

卦體一陰出於二陽之上。二陰在下。上承一陰。象如澤之瀦水。澤以潤生萬物。猶兌以悅服萬民。其義相同。此卦所以取象於兌爲澤也。

兌亨利貞。

兌本乾體。坤三動來入乾。成兌。兌之亨利貞。即乾之德也。乾之四德。配四時。兌主秋。在夏冬之間。得兼三德。獨不及元。故曰兌亨利貞。

彖傳曰。兌說也。剛中而柔外。說以利貞。是以順乎天而應乎人。說以先民。民忘其勞。說以犯難。民忘其死。說之大。民勸矣哉。

序卦傳曰。巽者。入也。入而後能說之。故受之以兌。兌者。說也。卦體以二五爲中。

以三上爲外。以九爲剛。以六爲柔。兌二五皆九。故曰剛中。三上皆六。故曰柔外。合之謂剛中而柔外。利貞者。剛中之德。誠於中也。說者。柔順之象。形於外也。故曰說以利貞。卦以坤交乾。乾爲天。亦爲人。剛者天德。說者人心。故曰順乎天而應乎人。孔子論政。曰先之勞之。謂爲政者當先以說豫撫民。而後使民任勞。而民不辭其苦。使民犯難。而民不顧其身。是可佚可勞。可生可死。民皆相說于無言。而莫知其故。說之道于是爲大。勸矣哉。謂民之已說者因說。即未說者亦將聞風而說服矣。爲能使民之咸相勸勉也

以此卦擬人事。說卦傳曰。兌正秋也。萬物之所說也。故曰說言乎兌。蓋時至秋而成熟。而人得其食用。喜其豐盈。斯百事亨通。人心自然歡悅矣。故傳曰。兌。說也。兌爲口舌。是笑言之出於口也。兌爲輔頰。是歡容之見於面也。兌屬柔。是謂柔外。世之好飾外貌者。往往以容悅爲工。其品愈卑。其心愈僞。脅肩諂笑。無所不爲。只知求悅。而不知悅在利貞也。只知媚人。而不知說在順天也。何也。以其無剛中之德也。兌之剛中在二五。故能剛中而柔外。剛中即利貞也。二五之爻。

皆曰孚。孚者。孚於剛中耳。得其孚則事事皆亨。即人人皆說。無勞可也。有勞而人亦不辭。無難可也。有難而人亦不懼。道在有以先之也。惟其先之。乃即所以勸之。有其勸之。乃即所以悅之。勸因說。不勸亦悅。而人皆欣欣然有喜色矣。是人事之至順也。亦順天而已矣。

以此卦擬國家。兌大象爲麗澤。麗。猶連也。是上下皆澤。上以澤敷下。下以澤感上。感斯說矣。然一以柔順撫民。有恩無威。民必悅而不懼。一以剛柔御民。有威無恩。民必畏而不悅。是未足爲利。亦未足爲貞也。說亦安可恃乎。兌之所以能說者。在二五之剛得其中耳。二五之剛。主於中。三上之柔。施於外。謂之剛中而柔外。說以柔。說以剛。實悅以利貞也。上兌之說。象取順天。下兌之說。象取應人。天德好剛。人心喜柔。順天而天弗違。應人而人咸格。是所謂順乎天而應乎人也。如是而說以先民。民有任勞而不覺。說以犯難。民有視死而如歸。所謂以佚道使民。雖勞不怨。以生道殺民。雖死不怨殺者是也。是以未當求民之說。而民自中心而誠說。忘勞忘死。說之至也。故說道之大。在使其民自勸。傳不曰勸民。

而曰民勸。是不期其勸而自勸。其歡欣鼓舞之情。可從兩忘字中。想像得之矣。上古之世。君臣之間。歡然莫逆。理之所是。則相與都俞。不以爲說。理之所非。則更相獻替。不以爲睽。如鹽梅之相和。如水火之相濟。此說而正者也。即說之大者也。六爻言兌。各分剛柔。四剛皆君子。二柔皆小人。和兌孚兌。得其吉矣。有喜有厲。當其位矣。三來兌。來必多凶。六引兌。引亦未光。國家當此。宜抑柔進剛。斯說得其道焉。

通觀此卦。此卦次巽。巽者二陽在上。一陰入下。故陽順而下來。兌者二陽在下。一陰出上。故陽悅而上往。與巽相反。於方位兌者。西也。利美而和。其氣爲金。從革而新。其決斷快利。其音響鏗鏘。故其德爲悅。於四時巽木。春也。離火。夏也。兌金。秋也。天以三時生物。木氣發生。金氣收斂。巽兌相反。而適以相成。中皆互離。三時相因。生剋自然之運也。大抵兌悅之情。在和順。而兌悅之氣。主肅殺。和順者。柔也。肅殺者。剛也。故以柔爲悅。其弊必流於諂諛。以剛爲說。其德乃在於利貞。卦內初二四五皆剛爻。得其正也。三上皆柔爻。失其正矣。初之和兌。得彖之利。二之孚兌。得彖之貞。四之喜。喜即在於利也。五之厲。厲即取其貞也。至三之來兌。說以要結以來。故有凶。上之引兌。說牽連而引。故未光。是傳特著其德曰剛中柔外。示其用曰順天應人。極其效曰民忘其勞。民忘其死。而所以致其說者。其道在先。其功在勸。其義則愈推而愈大。

大象曰。麗澤兌。君子以朋友講習。

麗者。連也。麗澤。謂兩澤相麗。是互相滋益也。朋友者以互相講習爲益。故象朋友。兌爲口。故象講習。論語首章。以學而時習爲說。以有朋遠來爲樂。是說樂之要。莫大朋友講習。此君子所以取其象於兌也。四爻曰商兌。商者。相與講論之義。其象亦取之麗澤。

(占)問時運。運途平平。能得衆心。自然獲吉。惟逢三六之年。不利。○問營商。得人扶助。可以獲利。○問功名。賴朋友之力可成。○問戰征。屯兵陂澤之地。宜於兩後營相約進攻。可以獲勝。○問婚姻。必是朋友舊好。○問家宅。宅臨澤水。宜與朋友同居。○問疾病。宜延相熟醫師並診。方可全愈。○問訟事。宜請朋友公評。不必涉訟。○問六甲。生女。

初九。和兌。吉。

象傳曰。和兌之吉。行未疑也。

初居卦首。體得乾剛。和兌者。即和悅也。乾曰利物和義。是和即彖之所謂利也。人當初交。便覺和衷相濟。以斯而說。說得其正矣。故吉。傳曰行未疑也。謂人私曲疑慮。每生於轉念。當其初。一片天心。固未嘗間以人慾也。和兌在初。順天而行。疑於何有。故不曰無疑。而曰未疑。

(占)問時運。運當初爻。以和爲貴。萬事獲吉。○問戰征。師克在和。民兵咸說。有不戰來歸之象。○問營商。兌爲正秋。萬寶告成。天地自然之美利也。營商得此。吉無不利。○問功名。得祥和之氣。吉。○問婚姻。有家室和平之樂。○問家宅。一門和氣。吉。○問行人。行當即歸無疑。○問訟事。即可和解。○問六甲。生女。

（占例）友人某來。請占謀事成否。筮得兌之困。

爻辭曰。初九。和兌吉。

斷曰。此卦一陰在二陽之上。以柔之卑。居剛之上。初爻得陽剛。剛以嚴。柔以和。以剛制柔。所謂和而不流者也。今足下占謀事。得此爻。爻屬於初。知其事尙在初起。和者。爲彼此同心。和衷共濟。初與四應。四曰商兌。商謂商量也。正合謀事之意。初爻傳曰行未疑。謂其事必成無疑也。四爻傳曰有慶。謂其事成後。又有慶福也。足下安心從事可也。

九二。孚兌。吉。悔亡。

象傳曰。孚兌之吉。信志也。

二居下卦之中。以陽居陰。即象所謂剛中也。二與五應。孚兌者。二孚於五。五亦孚於二。兩相孚。即兩相說。二爲臣。五爲君。是君臣一心。相孚而相說也。故吉。夫上下之心不相孚。則上下必不相說。是以有悔。既得其孚。悔自亡矣。象傳以信志釋之。謂孚即信也。以其志之可信。故得吉也。

(占)問時運。運得中正。衆心交孚。是以有吉。无悔。〇問戰征。上下一心。令出惟行。有四夫不可奪之志。戰无不克。吉。〇問營商。貿易雖在逐利。要必以信爲本。有信則彼此无欺。而商業乃可通行矣。〇問婚姻。二五相孚。是陰陽相偶也。吉。〇問家宅。有孚攣如。富以其隣。謂能與隣家併力致富也。〇問功名。中孚二爻曰。我有好爵。吾與爾靡之。有父子同升之吉。〇問疾病。是因疑致疾。今既得相孚。災悔自亡。〇問六甲。生女。

(占例)友人某來。請占氣運。筮得兌之隨。

爻辭曰。九二。孚兌。吉。悔亡。

斷曰。九二爻得剛中。剛中而孚。孚非阿好。既得相孚。無不相說。是以吉而悔亡也。人生氣運。亦貴得其剛中耳。剛則任事有肝膽。中則任事無私曲。志氣剛強。運途中正。自然事事獲吉。今足下占得此爻。知足下目下氣運旺相。論兌爲金運。以金水兩運爲佳。兌爲秋。歲時以屬秋令爲佳。大象取朋友講習。足下當擇朋友。遠小人。近君子。自得相扶爲益。悔去而吉來也。

○明治二十八年。占我國與美國交際。筮得兌之隨。

爻辭曰。九二。孚兌。吉。悔亡。

斷曰。孚者信也。中孚彖辭曰。說而巽。孚乃化邦。是知邦交之道。最宜信義相孚。使兩無詐虞。化干戈爲玉帛。實兩邦之幸福也。今占我國與美國交際。得此爻辭。可知我國與美。兩國交際。此後最爲親密。謂之孚兌吉。悔亡。

六三。來兌。凶。

象傳曰。來兌之凶。位不當也。

三爲兌主。即彖所謂柔外也。以柔招說。故謂之來。初曰和。二曰孚。是不期說而自說。有相說於無言耳。若專以陰柔說人。亦以陰柔而致人說。則所以來說者。皆不以其道。則上下相蒙。適以長詐僞之風也。故凶。傳以不當位釋之。謂一陰居二陽之上。其位不當。欲以柔道致說。其說也皆由强致而來。是失剛中之德矣。

(占)問時運。人品卑鄙。專以諂笑求悅。未免爲人所賤矣。○問營商。通商之業。固宜和說相招。然說不以道。爾詐我虞。是失商道之正也。○問功名。奔競而來。雖榮必敗。○問戰征。要結佋徠。烏合之衆也。不能久持。○問婚姻。有始合終離之象。○問疾病。病有外祟。其象本凶。三至四隔一爻。早則一日。遲則一月。可望愈快。○問訟事。是外來之禍。凶。○問六甲。生女。

(占例)明治二十四年。有友某來。代占某氏氣運。筮得兌之夬。

爻辭曰。六三。來兌。凶。

斷曰。兌者。說也。其說宜就心中而出。不貴外襲而來。中出者。誠也。外來者。僞也。三曰來兌。是專以飾外爲說者也。今君代友占氣運。得兌三爻。三以陰居陽。爲兌之主。位本不當。其象專屬陰柔。好以巧言說人。知此友心地不正。頗有口密腹劒之象。未免凶矣。大象曰。朋友講習。君既誼屬朋友。當隨時勸戒。務令去僞存誠。乃得化凶爲吉。

九四。商兌未寧。介疾有喜。

象傳曰。九四之喜。有慶也。

介。謂節操堅固之義。同豫之六二介于石之介。又兩間曰介。四爻在三五之間。上承五之剛中。下比三之陰柔。是以一身介君子小人之間者也。商。商量也。兌爲口。有商之象。四與初同體。初爲事始。無所疑慮。故不待商。四則處上下之交。用剛用柔。皆須商確。故曰商兌。商之而意難遽定。則中心游移。故曰未寧。因憂成病。故曰介疾。然未寧者終必寧。介然而疾。亦介然而喜矣。兌通艮。艮上兌下爲損。損四曰損其疾。使遄有喜。其旨相同。象傳以有慶釋之。謂商而後寧。疾而有喜。則剛柔得中。天人相合。喜在一人。慶在天下矣。

(占)問時運。運途未穩。逆則有憂。順則有喜。萬事宜斟酌行之。○問營商。四多懼。營商在外。必有憂懼不安之事。商量出之。方得有喜。○問功名。功名必從艱苦患難而來者。方得大就○問婚姻。一時疑懼未成。必待媒妁再三說合。終得成合。有喜。○問家宅。現下宅中不安。致多疾厄。兌為秋。必待秋時。得以平安有喜。○問疾病。病由心神不安所致。得逢喜事。胸懷寬悅自愈○問六甲。生女。

(占例)某氏來。請占某縉紳之運氣。筮得兌之節。

爻辭曰。九四。商兌未寧。介疾有喜。

斷曰。兌者悅也。未寧者。不悅也。兌而曰商。是介在說不說之中。未寧若有疾。得寧則有喜。賴此一商之功耳。四處內外之間。又當剛柔之交。孰輕孰重。皆須商酌。故曰商悅未寧。介疾有喜。今占氣運。得兌四爻。知人生氣運。亦無中立。從正則吉。從邪則凶。在人自取擇耳。擇而來安。譬若疾之在身。不能無憂。擇之既定。自覺病去身安。喜從中來。四近君位。有貴人之象。能以商度事宜。上輔君德。下協民心。慶何如之。此功此德。正賴某縉紳也。

九五。孚于剝。有厲。

象傳曰。孚于剝。位正當也。

五處外卦之中。秉乾之剛。即彖所謂剛中也。說以利貞。五得其貞焉。兌爲秋。剝九月之卦。當兌之未孚而至剝。是孚之極也。其不言兌者。至五兌說既深。渾若相忘。故不見爲兌。而祗見爲剝。剝者即勞與難之事也。勞之難之。事雖爲民。而王者則視之若剝也。忘勞忘死。王者雖以爲剝。而民實不知其爲剝也。故曰孚于剝。至此而民已視危爲安。王者猶以安爲危。故曰有厲。事本無厲。有者在君之心。亦凜凜乎其有也。五居尊位。固當然也。傳釋以位正當。謂居此位者。皆當存此心也。

(占)問時運。位得其正。運當其盛。盛極則剝。尤當預防。能時時防剝。斯時時得盛矣。○問戰征。孚於剝者。謂當生死存亡之地。軍兵一心。感激奮勇。而不以爲剝。誠可謂衆志成城。無往不克矣。○問營商。剝者。剝削也。雖有剝削。而深信无疑。必有大利。○問功名。能安命。雖剝必亨。○問疾病。有剝膚之疾。速治則愈。○問六甲。生女。

(占例)明治二十二年。友人某來。請占氣運。筮得兌之歸妹。

爻辭曰。九五。孚于剝。有厲。

斷曰。運當九五。陽剛正中。本屬盛運。爻曰。孚于剝。言其相說无言。雖剝亦孚。安不忘危。有特患預防之象。亦有持盈保泰之道。彖所謂說以利貞。唯五當之。今君占氣運。得兌五爻。知君目下氣運得當。剛中柔外。衆心咸孚。雖有剝削。亦得相說以解。事事安和。得行其志。但在君心中。若以爲剝。若以爲厲。則剝無不復。厲無不安也。五與二正應。五雖不言吉。二之吉。即五之吉也。

上六。引兌。

象傳曰。上六引兌。未光也。

上六辰在巳。得巽氣。巽爲繩。有引之象。兌又旁通艮。艮爲手。是以能引。故曰引兌。六與三同體。三失位。六引之使應己。是因其來而引之。來既不正。引亦不當。而說更失其道矣。爻雖未判吉凶。要之後事之失。亦所難免。故傳以未光釋之。乾爲光。六變乾爲坤。故曰未光。凡易稱引者。多在陰爻。萃六二曰引吉。自五引二。引而升也。引在於上。故吉。此爻曰引兌。以六引三。引其來也。引在於後。故未光。

(占)問時運。上爲卦之終。行運已極。必藉人引掖而能行。无吉无凶。平平而已。○問功名。雖得他人荐引。亦已晚矣。○問營商。得人引導。方可交易。上在卦外。是出洋經營也。未光者。未能大得利也。○問戰征。兌屬正西。引兌者。相引而入西也。是引兵向西。與三合隊。但當上爻。時會已遲。恐未必能奏功也。○問疾病。內邪能引而外達。乃得望愈。○問家宅。宅地純陰。與三合體。防有內外牽引之患。○問婚姻。爻象皆柔。恐是勾引而成。非夫婦之正禮也。○問六甲。生女。

(占例)明治二十二年。占某貴顯氣運。筮得兌之履。

爻辭曰。上六。引兌。

斷曰。上爻處外卦之極。無可復進。凡物極則變。有反而思退之象焉。今某貴顯。占得此爻。知貴顯久居高位。有倦勤之念。意將引身退隱。以自娛樂。謂之引兌。是年冬。某貴顯辭職歸隱。

䷺ 風水渙

卦體乾四與坤二易位。乾變巽。坤變坎。合而成渙。渙者。散也。坎爲水。水之散。萬派分流。巽爲風。風之散。四郊徧被。巽上坎下。象取風行水上。是風水相遭。水則悠然長逝。風則過而不留。有渙之象焉。此卦所由名渙也。

渙亨。王假有廟。利涉大川。利貞。

正義曰。散難釋險。故謂之渙。難散則理平。險釋則心通。故亨。卦體三陰三陽。自乾坤來。乾爲王。故曰王。旁通豐。豐彖辭曰。王假之。故曰假。上互艮。艮爲宗廟。故曰有廟。坎爲大川。巽爲利。下互震。震爲足。有涉之象。故曰利涉大川。廟者。鬼神之所在也。中庸言鬼神之德。洋洋乎如在其上。如在其左石。渙之至盛者也。大川。衆流之所歸也。注焉而不滿。酌焉而不竭。渙之顯著者也。於假廟見揚詡之盛。於涉川。得利濟之宏。然渙雖主散。形象則發揚於外。而精神貴凝聚於中。故曰利貞。

彖傳曰。渙亨。剛來而不窮。柔得位于外。而上同。王假有廟。王乃在中也。利涉大川。乘木有功也。

序卦傳曰。兌者。説也。説而後散之。故受之渙。蓋以渙繼兌。謂能説則渙。渙則亨。是渙之亨。亦即兌之亨也。爲卦坎剛自乾而來。坎水長流。無有窮極。故曰剛來而不窮。巽柔得位於外。巽風行水。飄然俱往。故曰柔得位乎外而上同。是剛在中而不窮於險。柔在外而得與五同。所以能散釋險難。而致亨通也。至險難既散。王乃有事廟中。得以精誠上假。故傳釋之曰。王乃在中。是就其德而言之。涉川者涉難也。即繫辭所謂舟楫之利。以濟不通。蓋取諸渙者是也。故傳釋之。乘木有功。是就其象以譬之。

以此卦擬人事。一身所患。胸懷不暢。則疾生。意氣不舒則爭啓。一家所患。內外間隔則弊成。上下壅阻則亂作。有以渙之。則百弊解散。而萬事亨通矣。譬如雲霧陰冥。得風而消解。譬如溝澮汚濁。得水而流通。此君子所以取象於渙也。人生作事。每患性質之多偏。亦患位置之不當。如能剛來而濟柔。動于內而無險困之難。柔往而輔剛。止于外而無違逆之乖。斯无往不利。亦无事而不亨也。行見積其誠以事神。而鬼神來假。因其利以涉難。而舟楫有功。是皆因濟而推及之也。蓋渙于內則氣暢。渙于外而理順。渙以處已即心平。渙以待人則情洽。一生疑慮。渙然氷解。渙之爲用甚神矣。

以此卦擬國家。國家之於人民。欲其聚不欲其渙也。國家之於財用。宜其聚復宜其渙也。而獨至於險難。則務取其渙焉。險不渙則危無以濟。難不渙則亂無以銷。王者秉剛中之德。處至尊之位。欲以解天下之紛亂。散天下之鬱結。挽回國運之困阨。使斯民咸得其歡悅。此渙卦之所以次兌說也。卦以九二爲剛。二自乾來。故曰剛來。以六四爲柔。四爲陰位。故曰得位。剛不窮而渙乃見其亨。柔同上而渙自得其正焉。推之渙以享祖。假廟所以盡其誠也。於以見鬼神之德之盛矣。渙以致遠。涉川所以濟其險也。於以見舟楫之功之普矣蓋天以風之疏散。化育羣生。地以水之流通。貫注四海。王者亦取其象。以平天下之亂。以解萬事之紛者。莫如此渙而已。

通觀此卦。渙者離也。離者復合。散者復聚。故全卦有離合散聚之象。剛來不窮。柔而上同。卦之體也。王在廟中。乘木有功。卦之用也。曰亨。曰貞。卦之德也。有廟。有川。卦之象也。大象曰。先王以享帝立廟。即象所謂假廟之旨也。蓋廟立則昭穆之位定。王假則祭享之誠通。斯靈爽藉是而聚。即民心藉是而繫焉。渙之正所以合之也。故萃亦言王假有廟。萃者聚也。以萃而假。神志壹焉。以渙而假。精誠通焉。萃與渙相反。而適以相須。故取象從同。至易言利涉大川者三。皆取巽木。益曰木道乃行。中孚曰乘木舟虛。渙則曰乘木有功。蓋謂王者聲名洋溢。內則孝享夫祖考。外則化被夫蠻夷。是以舟楫之利。獨取諸渙者。此也。六爻言渙。皆隱寓聚象。故初遇險而順。二陽來脫險。三臨險忘身。四成渙忘人。五居尊忘天下。六超然遐舉。渙以遠害。所謂恭己無爲。化馳若神者矣。故卦以三陰最吉。三陽次之。說者謂易道尙剛。一偏之論也。

大象曰風行水上。渙。先王以享于帝立廟。

先王見風之虛。得鬼神之象。見坎之盈。得祭祀之象。夫風無形。遇水而成形。非水則風不可見。鬼神無覩。入廟而如覩。非廟則上帝祖考不可見。聚則爲有。散則爲無。鬼神之情狀。猶風之行水上也。人心誠敬之所聚。莫如鬼神。故大難始定。人心未寧之時。享帝而告成功。立廟而事祖考。聚將散之神靈。安鎭之以接天神。交祖考。蓋物本于天。人本于祖。故享帝以報其生成之恩。立廟以報其功德之盛。使天下之人。皆尊尊親親。不忘其本。以聚人心之渙散。故曰先王以享于帝立廟。

(占)問時運。運途亨通。有乘風破浪之概。○問戰征。利用海軍。○問營商。財水流通。得天神護佑。大利。○問功名。風隨帆轉。水到渠成。有即日成名之象。○問家宅。宜禱告神祇。自然獲福。○問婚姻。中男長女。自成佳耦。○問疾病。風行水上。去而不留。病象危矣。立廟有魂歸窀穸之象。故凶。○問失物。難得。○問六甲。春夏生女。秋冬生男。

初六。用拯。馬壯吉。

象傳曰。初六之吉。順也。

初處坎之下。坎爲險。初乃始陷於險者也。陷坎者。利用拯。何以拯之。初與二近。二得乾氣。乾爲馬。乾健故馬壯。初得二拯。如馬之因風而走。得以脫險也。故吉。按明夷。亦曰用拯馬壯吉。明夷下互坎。二動爲乾。故用拯亦取乾馬。與渙初同象。傳以順釋之。初本坤體。坤爲順。以坤之順。用乾之健。是以吉也。明夷傳曰。順以則也。其旨亦同。

(占)問時運。運多險難。幸而遇救。危而反吉。○問戰征。初次臨陣。賴戰馬精良。得以解圍出險。故吉。○問營商。資本微薄。深幸同事相助。得以獲利。○問功名。行午馬運。必可成名。○問家宅。新建大厦。好有祿馬臨向吉。○問婚姻。乾造以肖馬者吉。○問疾病。病宜急治。得遇馬姓醫士。爲吉。○問行人。驛馬已動。即日可歸。○問六甲。生男。

(占例)友人某來請。占氣運。筮得渙之中孚。

爻辭曰。初六。用拯。馬壯。吉。

斷曰。初六當坎之始。坎者。陷也。如身陷坎險。一時難以自脫。初爻偶體屬陰。用以拯者必藉陽剛。馬乾象。得乾剛之氣。故足以拯之。是初以遇拯得吉也。即卜筮書所謂絕處逢生之象。今足下占氣運。得初爻辭。知足下現時運途。正在困難之中。幸賴朋友。力爲救護。得以脫離災厄。足下惟當順從其言。自可逢凶化吉。此友或係肖馬。或係姓馬。當必有暗合其象者。易占之神妙。往往不可測度。足下後當自知之。

九二。渙奔其机。悔亡。

象傳曰。渙奔其机。得願也。

九二以陽居陰。象取以陽假陰。故彖云假廟。二當之。下互震。震爲奔。上互艮。艮爲堅木。有机之象。二與五應。机。謂五也。渙奔其机。謂假廟而奔就神几。机几字通。即家語仰視榱桷。俯察机筵是也。王在廟中。洞洞屬屬。以其慌惚。以與神明交。斯渙者假矣。故悔亡。象傳以得其願釋之。謂駿奔在廟。得受其福。故曰得其願也。

(占)問時運。運途順適。得如所願。災悔俱亡。○問營商。運貨貿易。得所憑依。可以如願而償也。吉。○問功名。所願必遂。○問戰征。雖當渙散敗奔。得所依藉。可圖恢復。何悔之有。○問婚姻。內卦坤體。二變爲乾。成坎。坎爲中男。外卦乾體。四變爲坤。成巽。巽爲長女。此配必女長於男。木水相生。佳耦也。○問家宅。此宅眷屬有奔敗之難。幸在外得所憑依。所謂適我願也。○問疾病。鬱鬱不樂。隱几而臥。得遇良醫。可以無憂。○問六甲。生男。

(占例)友人栃尾某曰。余曩以己地。出押於某華族。訂立劵證。約以後日得金。准許備價取贖。至今地價騰貴。照曩時押價。一增其三。某華族因之背盟。指不許贖。余遂使代言人及壯士逼索。某華族懼。乃挽余親戚某。出爲談判。余不得已以若干金。酬報代言人與壯士。屬爲了事。而壯士意猶不滿。遷怒於余。意欲要路狙擊。余甚患之。請占其處置如何。筮得渙之觀。

爻辭曰。九二。渙奔其机。悔亡。

斷曰。內卦爲坎。坎者險也。難也。外卦爲巽。繫辭曰。巽以行權。謂巽得行其權變也。二爻曰渙奔其机。奔奔避其難也。二與五應。謂奔就於五也。五處巽中。謂能巽以行權。足以渙散其難。故得悔亡。就此爻象。教足下奔避於外。自得有人出而處置。可以无悔。

六三。渙其躬。无悔。

象傳曰。渙其躬。志在外也。

三體坎水。上體巽風。三之趨上。如水遇風而流。木得水而浮。有相待而渙散者也。故三至上互艮。艮爲躬。曰渙其躬。无悔。象傳曰。志在外。謂外卦也。志應夫上也。

(占)問時運。三處坎之極。是運當坎險之時。忘身赴難。得以出險。可免悔也。○問戰征。能國而忘身。忠勇可嘉。去復何悔。○問營商。運貨在外。跋涉風波。備嘗艱苦。有重財輕命之象。○問功名。有殺身成仁。名垂竹帛之榮。○問婚姻。有捐軀盡節之志。可悲。可嘉。○問家宅。此宅臨坎水之上。宅主宜出行在外。得可免災。○問行人。未歸。○問六甲。分娩在即。生男。

(占例)友人某來。請占氣運。筮得渙之巽。

爻辭曰。六三。渙其躬。无悔。

斷曰。渙之三爻。正當坎難之極。是身陷坎中而不能解脫也。惟賴上爻遠來援救。斯得渙然消散。可以无悔。今足下占氣運。得渙三爻。知足下運途淹蹇。譬如行船入海。正遇風波之險。須得遠來巨舟。相爲救援。斯能共脫險阨。得遠災悔。以保身命。三爻居內外卦之交。內坎外巽。坎。險也。巽。順也。有出險入順之象。是以无悔。

六四。渙其群。元吉。渙有丘。匪夷所思。

彖傳曰。渙其群。元吉。光大也。

六四居巽之始。卦體本乾。下畫化坤成巽。坤爲衆。坤化巽。則其群渙矣。坎剛中得乾之元。故曰渙群元吉。上互艮。艮爲邱。邱。聚也。高也。謂既渙其坎險。又復聚而成爲高邱。是渙中有聚也。故曰渙有邱。四爲巽卦之主。繫辭曰。巽。德之制也。又曰巽稱而隱。謂巽能因事制宜。隱見无常。化裁之妙。有匪尋常所可測度者。故曰匪夷所思。傳以光大釋之。謂四出坎入巽。所以化險爲夷者。正賴此正大光明之作用也。坤曰含宏光大。四得坤氣。四之光大。即自坤來也。

(占)問時運。能解脫困難。復成基業。正大運亨通之時。○問營商。絕大手段。能散財濟危。又能獨成邱壑。○問功名。有獨出冠時之概。○問戰征。軍容之盛。忽散忽聚。忽高忽低。忽而萬馬無聲。忽而一邱高峙。變化之妙。有出意表者。此神化之兵也。○問疾病。散其外邪。又當聚其元氣。病自瘳矣。○問家宅。鄰居曠遠。獨成一家。自得幽趣。吉。○問訟事。渙其群。其訟必解矣。吉。○問六甲。生女。

(占例)長崎女商大浦阿啓。明治七八年間。管理橫濱製鐵所。一日將乘名古屋船歸鄉豫電報知家人期以某日到家屆期有報名古屋船於周防遭難家人驚愕急以電信問余余不知大浦氏果否乘船亦不知此船有否遇險無已乃爲一筮筮得渙之訟

爻辭曰六四渙其群渙有丘匪夷所思

斷曰此卦巽爲木坎爲水舟浮海上之象其辭曰渙其群元吉渙有丘匪夷所思渙其群者謂離衆人而出險也渙有丘者謂出險而獨在丘上也匪夷所思者謂不須憂慮也由是觀之知必脫其難也余即以此占電復長崎長崎家人得此報疑信未決未幾大浦有電到家云已脫險家人始安

九五渙汗其大號渙王居无咎

象傳曰王居无咎正位也

五爲尊位彖所稱王假五當之號令也大號大政令也五有剛中之德以天下之險爲已險欲渙散天下之險以發此大號也渙汗者劉向云號令如汗出而

不及者也。王者無私居。畿甸非近。要荒非遠。一人之身。渙之即爲萬民。一人之心。渙之即爲萬幾。布于四海。猶汗出于身。而浹于四體。故曰渙汗天下之圖者。得仁政而解。一身之邪熱。得汗出而銷。其所渙一也。三至五體艮。艮爲居。王居者。京師也。論語所云。譬如北辰。居其所。而衆星共之者。王居之謂也。渙王居者。號令之渙。自近而遠。其單敷萬方者。要必正位凝命。自王居始也。无咎。即履帝位而不疚之意。象傳以正位釋之。蓋以九五爲正位。王者居之。得以號令天下。以一億兆之心。而濟萬民之險。皆由君德與君位。正當之功也。

（占）問時運。運位得正。語默動靜。百事皆吉。○問營商。地位正當。貨物流通。所到無不獲利。○問功名。位近至尊。名聞天下。大吉。○問戰征。號令嚴明。軍威整肅。得奏汗馬之勛。○問婚姻。必得貴婿。○問家宅。此宅非尋常百姓之家。○問疾病。一汗即愈。○問六甲。生女。主貴。

（占例）明治二十七年。六月。朝鮮有東學黨之亂。我邦及清國。皆派遣軍隊。清國軍艦砲擊我軍艦於豐島。於是兩國將啓爭端。先是有朝鮮人朴泳孝者。流寓我邦。爰念故國。實抱杞憂。請余一占。筮得渙之蒙。
爻辭曰。九五。渙汗其大號。渙王居。无咎。
斷曰。渙者散也。全卦六爻。皆以散難釋險爲主。五爻居尊爲王。大號者。王所散布之政令也。渙汗者。謂其令出必行。猶汗出於身而不反也。足見號令嚴明。可以解脫險難。奠厥攸居。斯无咎矣。今朴氏占問伊國治亂。得渙五爻。玩其爻辭。知伊國禍逼王居。九五者。王也。王當速發號令。告召天下。渙散凶黨。奠定王居。斯可保全而无咎也。卦體下互震。震屬東方。正在我國。則足以救護朝鮮者。必在我國也。朴氏可無憂焉。
○明治二十七年六月。山田德明氏。偕米人某來問曰。今回日本兵渡航朝鮮。抑與朝鮮開戰乎。余曰。軍事機密。非余所知。維一占則可以知之。筮得渙之蒙。」
爻辭曰。九五。渙汗其大號。渙王居。无咎。
斷曰。汗者膚腠之所出。出則宣人之壅滿。愈人之疾苦。猶王者之有教令。釋天下之難。使之各得其所也。故曰渙汗其大號。渙王居者。謂大號之宣布。始於王居。蓋有自近及遠。自內及外之旨焉。卦名曰渙。其義總在渙散險難也。今占我國與朝鮮。機密軍事。得渙五爻。乃知我國此番。得聞朝鮮亂耗。速發號令。大張軍威派遣軍艦。遠航韓國。旁觀者以爲我國將與朝鮮啓釁。不知我國之遣兵航海實爲渙釋朝鮮之禍。幷以保護之也。玩此爻辭。可信別無他意。米人得此斷詞。遂譯作西文。揭布外國新聞。

上九。渙其血。去逖出。无咎。

象傳曰。渙其血。遠害也。

上與三應。三體坎爲血卦。故曰渙其血。蓋人身血脈以流通爲安。以鬱結致病。渙其血。斯體氣舒暢。則憂患自消。逖憂也。坎爲逖。且上爻居渙之極。已出坎險。故曰去逖出。逖既去矣。咎自无也。象傳以遠害釋之。謂上去坎已遠。故害亦遠矣。一說謂上出卦外。逖。遠也。身之有血。猶川之有水。喩言川流通達。風飄遠去也。即取大象風行水上之意。

(占)問時運。運途通達。災去福來。○問戰征。卦體從乾坤來。坤上曰龍戰於野。其血玄黃。有戰則兩傷之象。○問營商。血者貲財也。商船遠出。貿易亨通。可以獲利。自無憂也。○問功名。有投筆從軍之象。○問婚姻。有遠嫁之象。○問家宅。宅主防有血光之災。遠避可以无咎。○問疾病。是氣血淤結之患。宜疏通血絡。可以免災。○問失物。此物已去遠。不可復得。○問訟事。宜遠出避之。无咎。○問六甲。生女。

(占例)友人某來。請占氣運。筮得渙之坎。

爻辭曰。上九。渙其血。去逖出。无咎。

斷曰。渙者脫難之卦。上處渙終。爲困難消散之時也。今足下占氣運。得渙上爻。知足下目下險難已解。譬如病者。血脈融通。憂患悉去。可以无咎矣。上爻渙象已終。此後出渙入節。節財節欲。足下皆當留意焉。

○三十一年。占英國與露國交際。筮得渙之坎。

爻辭曰。上九。渙其血。去逖出。无咎。

斷曰。渙卦三陰三陽。本從乾坤否來。上居巽極。即乾之上陽亢則戰。有其血玄黃之象。故曰渙其血。小畜所謂血去惕出。亦謂乾也。逖或作惕。小畜以陰陽感孚而血去。渙以風水相濟而血渙。是渙卦本有險難。幸得渙散而无咎也。今占英露兩國交際。得渙上爻。露在陸地。英屬海疆。當以巽爲露。坎爲英。陸地專以鐵道稱强。海疆專以輪船示武。陸戰者得勝。而後勝者又畏報復。敗者更防再襲。扼要据險。不懈兵備。是露國之所急急也。在英託名商船保護。派艦遠出。竊窺海防。得乘其隙。即强生葛藤。逼使割地媾和。此英國之狡計也。是以陸地諸國。多困於軍資。唯英國軍資。年增年饒。獨握富有之權。以爭雄於海上。而露則以陸軍之强。陸地之險。蠶食鄰邦。故近來宇內諸國。皆視英露爲虎狼之國也。露嘗于西比利亞鐵道未通。慾生事端。爲英所振。地中海要處。爲糧食彈藥告乏。不能驟動大兵。英又以阿富汗斯坦波斯既通欵於露。恐印度有內亂。且自知久矣。壟斷富利。受各國之嫌惡。今孛佛與露訂爲同盟。恐連約合謀。當必起一大役也。故欲教唆支那。以防露國之跋扈。然英以有海軍而乏陸軍。亦不能如意。且一朝取敗。則濠洲加奈陀亞弗利加等要地。恐亦不能保全。故盡擴張海軍。以當各國。蓋露待鐵道之全通。英恃海軍之擴張。恰似兩雄相對。爻曰渙其血。謂兩國宜通其聲氣。乃可无事。即各國亦可遠害矣。此近時之形勢也。故傳曰。渙其血。遠害也。

䷻ 水澤節

爲卦兌下坎上。兌爲澤。坎爲水。水之歸澤也。盈則進。坎則止。水固自有其分量。澤之容水也。平則受。滿則溢。澤亦自有其限制。即節之謂也。卦與困易位。澤在水上。是謂漏澤。澤漏則无水。故謂之困。水在澤上。是謂深澤。澤深則有水。故謂之節。此卦所以名水澤節也。

節亨。苦節。不可貞。

卦體上互艮。艮。止也。下互震。震。行也。可行則行。可止則止。行止得中。乃謂之節。行止得中。是以能亨。若其矯枉過正。固執自守。節亦苦矣。節而苦。則無餘地以處人。亦無餘地亦自處。有窮而無所入矣。故曰不可貞。

彖傳曰。節亨。剛柔分而剛得中。苦節不可貞。其道窮

也。說以行險。當位以節。中正以通。天地節而四時成。

節以制度。不傷財。不害民。

序卦傳曰。渙者離也。物不可以終離。故受之以節。節者節也。節以節其過中。而使之中節也。卦以三陰三陽。陰陽適均。坎剛在上。兌柔在下。所謂剛柔分也。剛柔分而上下不亂。是得中也。得中則亨。故曰節亨。節不得中。如儉不中禮。射不中的。徒自苦耳。不可爲正。奚以能亨乎。不亨則窮。非節之咎。節而不中之咎也。彖特舉而戒之。所以救其偏也。坎險兌說。以兌節坎。使人有悅愉而無迫感。是爲說以行險也。五居尊位。爲節之主。是爲當位以節也。中而且正。位與德竝。能裁制羣倫。咸得亨通。是爲中正以通也。卦體本自乾坤泰來。節之道。亦自天地始。日月代明。四時錯行。寒暑往來。歲功以成。此爲天地之節也。故曰天地節而四時成。法天地之節。以爲制度。則以此節財。而財不傷。以此節民。而民不害。庶幾天下皆樂就吾節。乃能行之無阻。放之皆準。其要惟在剛柔之得中焉。夫豈苦節之謂哉。

以此卦擬人事。飮食不節而致疾。言語不節則貽羞。財用不節則敗家。色欲不節則傷身。皆人事之害也。矯其弊者。爲之絕食。爲之緘口。爲之斬財。爲之斷欲。節雖節矣。不堪其苦。是節之不得其中。而反致其窮也。何以能亨乎。夫人事不亨者。皆由剛柔之失中耳。過剛者侈。過柔者吝。道是以窮矣。爲卦坎上兌下。剛柔以分。以兌之說。節坎之險。使心得其說。而行忘其險。當其位以裁度萬事。斯萬事咸亨。中且正。无偏陂也。亨而通。无窒碍也。蓋人之喜怒哀樂。即天之雨露雷霆也。人之起居食息。即天之晝夜晦明也。人身有自然之制度。天地亦自然之運行。所謂天地節而四時成者此也。人事要不外夫天道而已矣。

以此卦擬國家。國家政務萬端。一言蔽之。惟在節以制度而已。制度得其中。則其所節。有甘而無苦也。可亨亦可貞也。剛柔均分。而道乃不窮也。說險相濟。而位得其當也。以此理財。而財不傷。以此使民。而民不害。庶幾四海之大。萬民之衆。聖人以制度節之。使人人感其說。人人忘其險。亦人人樂從其節。所謂當位以節。中正以通。道在是矣。要之聖人本說以節險。不偏於剛。不偏於柔。唯法天地之節以爲節。天地節而四時成。聖人節而萬民說。其道一焉。就爻論之。當位。謂九五也。以其居中。故曰甘節。道窮指上六也。彖之苦節。上六當之。六四得彖之亨。故曰安節。初之不出。愼以節也。二之失位。失其中也。三之嗟若。咎自取也。總之得中則吉。過中則凶。彖傳所謂節亨。首在剛柔分而剛得中也。

通觀此卦。卦象取下坎上兌。爻取剛柔均分。當位則吉。陽實陰虛。實塞而虛通。節者竹節也。竹之通處謂空。塞處謂節。凡所稱立廉隅。分經界。皆節之義也。故人而無節。猶時而無序。夫寒暑晴雨。推移更代。若失其節。則天地閉塞。歲功不成。人而無節。則昏迷潰亂。行止皆窮。是咎在不知所節也。不知不節固凶。過節亦凶。欲期其節之貞。求其節之亨。唯要在剛柔之得中也。卦體內說外險。剛柔均分。九五當位。剛得其中。說以節險。中而能正。斯其道無往而不通矣。蓋在聖人以至中者爲節。其節也無心。在天地以循運者爲節。其節也無形。在卦以坎兌相成者爲節。其節也有象。聖人下襲水土。故取其象以示人。彖傳所謂曰苦。

曰窮。戒其失也。曰亨。曰通。著其效也。曰得中。曰當位。示其則也。曰不傷財。曰不害民。美其德也。其卦又自泰來。故於節亦可見天地交泰之象焉。水流坎止。有通塞之義。是以六爻皆取通塞。以爲吉凶。初知塞而塞。故不出。无咎。二宜通而塞。故失時爲凶。三不塞而嗟。咎復何辭。四塞而能安。得象之亨。五全卦之主。中正以通。六塞而不通。是謂苦節。大抵易道戒盈。節以防盈。防之過。或遲疑而敗事。或鄙嗇而失當。違天時。拂人情。均難免於凶咎耳。道以剛中爲吉。此聖人所以貴時中也。

大象曰。澤上有水。節。君子以制數度。議德行。

澤無水曰困。澤有水曰節。有水而不節。則澤亦涸。是以君子取象於節也。數度者。權量法度之謂也。德行者。道德性命之事也。兌自坤變。坤爲重。爲寡。象數度。坎自乾變。乾爲道。爲性。象德行。坎爲平。謂裁制得其平也。兌爲口。謂議論出自口也。是以君子爲之制數度。議德行。

(占)問時運。運途中正。財源富有。惟宜外節出納。內節身心。吉。○問戰征。節制之軍。登高涉險。可守可戰。○問營商。澤有水。富饒之象。法制旣精。議論亦確。無不獲利也。○問功名。品行端正。律度精詳。有魚龍得水之象。○問婚姻。坎男兌女。水澤相成。吉。○問家宅。宅臨大澤。家道富有。吉。○問疾病。病宜節飲食。愼行動。○問六甲。生男。

初九。不出戶庭。无咎。

象傳曰。不出戶庭。知通塞也。

初以陽居陽。爲節之初。陽實陰虛。初當陽剛。一畫塞止兌口。故爲不出。上互艮。艮爲牖。爲居。有戶庭之象。艮又爲止。有不出之象。故曰不出戶庭。卦繼渙後。初六渙散甫集。正宜塞而不宜通也。雖戶庭之近。亦不敢出。則一步一趨。無非節也。故得无咎。初動體坎。坎水爲知。知則能審時度勢。可通可塞。可出可入。皆有節制。故象傳以知通塞釋之。

(占)問時運。運途未盛。宜謹守戶庭。得以免咎。○問營商。宜坐賈。不宜行商。无咎。○問功名。目下宜杜門靜守。至四爻可以成名。○問戰征。初當離散之餘。軍民乍聚。宜養其銳氣。不宜出戰。○問婚姻。初與四相應。四得承順之道。即婦道之正也。故无咎。○問疾病。宜安居靜養。无害。○問失物。尚在戶庭之內。可尋得之。○問行人。尚未起行。○問六甲。生女。

(占例)友人某來。請占家宅。筮得節之坎。

爻辭曰。初九。不出戶庭。无咎。

斷曰。卦象爲兌西坎北。爻象外戶內庭。初居兌下。陽剛一畫。如戶庭之有鎖鑰。以節出入。故曰不出戶庭。深居避禍。故曰无咎。今足下占家宅。得節初爻。此宅想是初次遷居。一切家事。正待整理。持盈保泰。宜守節儉之風。杜門謝事。可以无咎矣。

九二。不出門庭。凶。

象傳曰。不出門庭。凶。失時極也。

戶在內。門在外。初爲戶。二爲門。由內而外也。初爲內。坎水始至。塞之以防其漏。二則漸至於外。水既盛。宜通之。而猶曰不出門庭。是知塞不知通也。二爻有剛中之才。正當乘時應變。出而有爲。使天下得節之用。卦自初至三互震。四至六互艮。乃不爲震之行。而固守艮之止。杜門絕跡。坐失時機。是以凶也。故象傳以失時之極斥之。

(占)問時運。運途方盛。時會亦好。咎在因循自誤。爲可惜也。○問戰征。時可進取。乃畏首畏尾。固守不出。反致凶也。○問營商。貨物充積。時價得宜。本可獲利。乃因拘墟失時。反致耗損。兌爲毀折。是失象也。○問功名。時會未逢。難望成名。○問婚姻。桃夭失時。難免曠怨。凶。○問家宅。門戶閉鎖。無人之象。凶。○問疾病。病由步履艱難。幾成痿痹。○問失物。是內竊也。○問訟事。恐有囚禁之禍。○問六甲。生女。

(占例)有警吏某氏來曰。吾友舊藩士某。維新之際。勤王死節。其後裔落魄無依。余眷念舊情。竭力賑助。以其子弟三人。招使來京。就學十數年。因之耗費。積累至六七千金。然猶以鄉里田產。得値萬金可償。詎意利息倍增。迄今已萬三千金矣。所有家產。又因價格低落。減數大半。欲償則數無所出。不償則債負不清。進退維谷。無以爲計。遂至憂鬱致病。不能供職。幸請教示。無已。代爲一占筮得節之屯。

爻辭曰。九二。不出門庭。凶。

斷曰。九二處兌之中。象謂說以行險。二宜當之。二曰不出門庭。是安於陷險。而不能行險也。其不出也。故凶。足下占債負處置。得節二爻。爻曰。不出門庭凶。則知不出爲凶。出則可以免凶矣。然所云出者。有二。一則出外以避之。一則出所有以償之。皆謂之出也。此中當必有節制矣。僕就爻辭之意。爲足下債負計之。所負總數。萬三千金。鄉里田產低價。約售三千金。償抵債主。再以月俸所得貳百金。內八十金爲家用所費。餘百貳拾金。亦按月歸償。合計一歲中。得償千四百四十金。是節有餘以償不足者也。約不十年。便可清償矣。爻辭曰。不出門庭凶。若明爲足下戒也。足下其勿因循畏葸。坐失時機。須當出而與債主相商。先以售產之金償之。復以月俸之餘歸之。讓其利息。緩其限期。債主而不許。則此債必難歸給。債主而許之。則足下不至破產。債主亦終得金收。彼亦何樂而不許也。兌爲口。爲友。有得朋相商之象。兌爻曰。商兌未寧。介疾有喜。正足下今日之時事也。足下速出而圖之。毋失此時會也。某氏聞而心喜曰。此最妙之策也。後數日報來云。已遵此斷。詞出而了事矣。

六三。不節若。則嗟若。无咎。

象傳曰。不節之嗟。又誰咎也。

三居兌之上。上畫開口。爲漏澤不節之象。蓋兌澤至三。坎水既盈。一時任意挹取。不知節省。至後將不繼。不免咨嗟悔恨。故曰不節若。則嗟若。是爲悅極生悲者。禍由己致。无所怨咎。故曰无咎。象傳曰。又誰咎也。謂當節不節。不節在己。嗟若亦在已。又將誰咎乎。

(占)問時運。壯不自檢。老大徒悲。其將誰怨乎。○問戰征。臨時不謀。後悔難追。○問營商。當其獲利。驕奢無度。一旦耗失。便致哀嗟。咎由自取耳。○問婚姻。有先喜後悲之象。○問功名。隨得隨失。○問家宅。三以陰居陽。地位不當。必致先富後貧。○問疾病。病由不節飲食所致。幸無大咎。○問失物。付之一嘆。不須怨人。○問六甲。生女。

(占例)明治二十年十一月。舊大垣藩主。戸田氏共伯。任澳太利亞全權公使。偕眷屬赴任。臨發横濱。枉駕余宅。此時送者不下數十人。伯曰。請占海上平安。筮得節之需。

爻辭曰。六三。不節若。則嗟若。无咎。

斷曰。三爻居內外卦之交。正合貴下出外遠行之兆。坎爲水。兌爲澤。有大海之象。三動體需。需彖曰。險在前也。知此行防有險難。卦反渙。渙象爲風行水上。知必有風。兌正西。坎正北。知其風必自西而北。爻曰不節若。則嗟若。謂非秉節而行。必致咨嗟。今貴下皇華出使。節鉞在身。必能使海若效順。百神呵護。即遇風險。必无咎也。需辭又曰。利涉大川。往有功也。是可爲貴下賀焉。時送行者。如舊藩臣井田五藏。青森縣知事。菱田文藏。大審院判事。鳥居斷三。神道教正。鴻雪爪。咸皆在座。傾聽之餘。或謂照此判詞。海上風波。渾如眼見。未來之事。皆得前知。疑余臆斷。未必可信也。鴻雪爪君獨云。高島君易筮。素稱入神。多爲人所不解者也。余曰。余唯憑爻而斷。應與不應。非余所知。然向所斷。未嘗有或爽者。殆可謂如響斯應者矣。諸士唯唯。不復有言。後四年。戸田伯歸朝。告余以當時海上困難。一如易斷。

六四。安節亨。

象傳曰。安節之亨。承上道也。

四本坤體。坤爲安。故曰安。居坎之始。坎爲險。以兌節之。斯得化險爲安。故曰安節。安節者。安而行之。不失其節。則何往不通。故曰安節亨。四得位承五。五中正以通。四先通之。是以彖之亨。唯歸於四。四以承五得亨。而天下無不亨矣。象傳曰。承上道也。上指五。道即節之道。謂五以節風示天下。四比近五。能首承其道也。

(占)問時運。一路平安。○問戰征。善戰者在先安軍兵。軍心安。則臨危不懼。而所向有功。○問營商。四在外卦之始。必是初次販貨出外。能事事節儉。斯得安居外地。而所謀亦得亨通矣。○問功名。能承上意。必得成名。○問婚姻。四以陰居陰。得位承陽。自得家室安全。○問家宅。平安獲吉。○問疾病。病由口入。能節飲食。自得安泰。○問六甲。生男。

(占例)官吏某來。請占官位陞遷。筮得節之兌。

爻辭曰。六四。安節亨。

斷曰。六四重陰。爻象安靜。事事中節。是以亨也。象傳曰。承上道也。上謂五。四與五比。能承上旨。而行節也。今足下占官途升遷。得節四爻。四與初應。初知通塞。故四能安分守己。不失其節。唯承上之意旨而行。是以發皆中節。无往而不亨通也升遷必矣四與五間一爻升遷當在明年。

九五。甘節吉。往有尚。

象傳曰。甘節之吉。居位中也。

五居尊位。爲節之主。彖所謂當位以節中正以通。唯五當之。彖首戒苦節不貞。反苦爲甘。其道必貞。貞則吉矣。故曰甘節吉。四居坎中。坎彖曰。行有尚。節四之往有尚。蓋即由坎彖而來。往即行。謂能行斯而往。洵可嘉尚。按五味以甘爲得中。鹹苦酸辛。皆偏也。節味之偏。而適其中。謂之甘節。甘則人皆樂從。而不病其難也。此甘節之所以爲吉也。象傳以居位中釋之。禮月令曰。中央土。其味甘。甘位居中。五爲君。君位亦居中。象傳所釋之意取此。

(占)問時運。運如嚼蔗。到老愈甘。○問營商。稼穡作甘。當以販運穀米爲吉。往有尚。往者往外也。尤當販米往外洋銷售。定必獲利。○問功名。苦盡甘來。功名必顯。○問家宅。四爻得位。中央爲甘。知此宅必地位中正。家風正直。節儉足以嘉尙。○問婚姻。女之嫁曰往。往有尙。謂往而成禮。甘者。甘心相從。有百年好合之象。吉。○問疾病。病在中宮。甘則中滿。須宜節食。爲要。○問六甲。生男。

（占例）某商人來請占商業盈虧。筮得節之臨。

爻辭曰。九五。甘節。吉。往有尙。

斷曰。味之甘者。人所樂嗜。然過甘則味亦變。節之所以適其中。於味然。於萬事亦無不然。往有尙者。謂由此以往。事皆可尙。事皆獲吉矣。今足下占商業盈虧。得節四爻。知足下於商業。經營已久。向以不知撙節。致來嗟恨。去歲得安。今年又必獲甘味。所當裁而節之。事事從節。毋以盈滿自侈。斯盈可長保其盈矣。故吉。往者爲遵此節道以往。行有尙。亦往有功也。足下此後。商業大利。

上六。苦節貞凶。悔亡。

象傳曰。苦節貞凶。其道窮也。

六重陰不中。居節之極。是過節者。爾雅滷鹹苦也。坎水潤下作鹹。兌爲剛鹵。是味之苦者也。上與初相終始。初在澤底。節以防漏。上在澤口。出納由之。而竟一概節之。是不知通塞也。其困苦之狀。物所難堪。有不可終日者矣。故彖之苦節。獨歸於上。悔亡者。謂奢不如儉。以此修身。悔自亡矣。傳曰。道窮。卽以釋彖者釋之。苦節貞凶者。自古之龍逢比干。爲國亡身。克全臣節。其禍雖凶。其道則正。足以表式萬世。復有何悔。

(占)問時運。運途亦正。爲固執不通。以致終身窮苦。○問營商。機會已極。不知變通。以致窮迫。徒自苦耳。○問功名。其人則守正不阿。困苦自守。難望成名。○問戰征。爻象重陰。柔弱無力。又當地窮勢極。只知苦守不出。終必凶矣。○問疾病。陰盛陽衰。病勢已極。凶。○問六甲。生男。

(占例)有商友某氏。請占株式高下。筮得節之中孚。

爻辭曰。上六。苦節貞凶悔亡。

斷曰。此卦澤上有水之象。澤有水。盈則通之。不盈則塞之。通塞者。是爲水之節制也。上爻當澤之上口。宜通而塞。是過於節也。水流而不止。流水甘也。上塞而不流。則爲停潦。甘亦苦矣。故曰苦節。貞凶。今足下占株式高低。得此爻象。株式者。財用之資。財源猶如水源。宜流通。不宜壅塞。況上爻當時位已極。若塞而不窮。好爲壟斷。以期高價。令人迫蹙困苦。無以爲生。防苦極生變。則苦人者反而自苦。取凶之道。亦取窮之道也。宜速開通。斯可免凶矣。其人聞之。即日賣脫。後其價隨即低落。

○三十一年。占北海道廳之治象。筮得節之中孚。

爻辭曰。上六。苦節貞凶。悔亡。

斷曰。上爻當兌澤之口。坎流既盈。又復節而不通。令人不得沾其惠澤。是謂苦節。其道必凶。今占北海道廳政治。得此爻象。知其施政。有不合地勢。不通民情。上下壅塞。號令不行之象。上爻動爲中孚。當速變通出之。斯可孚而化邦也。就外象論之。兌澤水盈。盈則必溢。兌。秋也。防秋時有洪水之災。是年九月果有水難。人民苦之。凶象如是。

○三十一年。占外交形勢。筮得節之中孚。

爻辭曰。上六。苦節貞凶。悔亡。

斷曰。上爻之苦節。是過節者也。節得其中。則甘。過之則苦。天下事皆貴適中。過則困苦隨之。凶禍亦隨之矣。是勢所必然也。今占外交。得此爻象。知當今時勢。正是澤水滿溢。岌岌可危之際。所宜流通四海。變其節制。以適權宜。斯可免受困苦。若竟吝而不出。固執自守。其凶必矣。

䷼

風澤中孚

卦體上巽下兌。巽爲風。兌爲澤。風之應時。春夏秋冬。不愆其候。風之信也。澤之受水。朝潮夕汐。不爽其期。澤之信也。卦象三四二。柔居內。是謂中虛。中虛則通。通則孚。二五兩剛得中。是謂中實。中實則誠。誠亦孚也。此卦所以名中孚也。

中孚。豚魚吉。利涉大川。利貞。

孚者。信也。中孚者。信發於中也。內卦兌。睽上曰。豕負塗。塗謂兌澤汙下。足以牧豕。豕小爲豚。故兌亦有豚象。外卦巽。巽爲魚。魚得水澤以爲樂。二物雖微。皆能得巽兌之性。以爲生活。故曰豚魚吉。大川。即澤之大者。巽爲木。刳木爲舟。是涉川者所利用也。故曰利涉大川。其孚如此。宜無往而不利矣。然其中之邪正誠僞。又不可不辨。故曰利貞。

彖傳曰。中孚。柔在內。而剛得中。說而巽。孚乃化邦也。

豚魚吉。信及豚魚也。利涉大川。乘木舟虛也。中孚以利貞。乃應乎天也。

孚字。从爪。从子。如鳥抱子。不失字乳之期。是其信也。發於外者爲信。誠存于中爲孚。謂之中孚。中孚者。其心虛靈。其行眞實之謂也。爲卦三四陰柔。合在兩體之內。二五陽剛。各居一卦之中。柔內剛中各當所作。上巽下說。相輔而行。乘天下之所順。行天下之所悅。故曰說而巽。孚乃化邦也。豚魚。正義分爲二物。吳草廬作江豚。江豚處大澤中。蓋魚類而豚形也。每當風起。拜舞江中。視其首之所向。即知風之所自。涉川者以之候風焉。俗呼謂拜江豬。豚魚無知。而能感應風信。故曰信及豚魚。孚之至也。易言利涉大川。多取巽象。巽爲木。木能水上浮行。語曰。乘桴浮海。亦取此耳。卦體中虛。故謂虛舟。虛舟者。中無一物。隨風往來。與波上下。任天而行。中孚之象也。孟氏卦氣。以中孚爲十一月卦。十一月當天道貞固之時。中孚得之。故能以利貞應天。

以此卦擬人事。孚者。信也。信見於言。言發於外也。孚感於心。心存於中也。人心之用。靈則明。明則誠。內貴虛靈不昧。外宜眞實无妄。是所謂柔在內而剛得中也。由我之所說。以之而順人。人亦以其說者。順從夫我。彼此相說。說乃孚矣。此不特在人己之間也。即推之於邦家。邦家亦相率而化矣。又不特在邦之大也。即極之於庶物。庶物亦相感而信矣。是以吉也。大川者。澤水之險者也。非舟楫不克以涉之。中孚者。以禮義爲干櫓。心中自有涉川之具。雖危可涉。無往不利。心中虛。故象虛舟。語云。言忠信。行篤敬。雖蠻貊行焉。此物此志也。卦中四剛皆得乾體。乾爲信。是孚之最貞者也。人能以剛德合天。即所謂中孚以利貞應乎天也。夫豈硜硜信果。所可同日語哉。

以此卦擬國家。檀弓曰。有虞氏未施信於民。而民信之。施信而民信。孚猶後也。未施信而民信。孚在先也。蓋不言而信。有不期其孚而孚者。孚由中出。在民亦不自其何以孚也。是無爲而治之休風也。由是而氣機所感。龜亦負圖。魚來獻瑞。此即信及豚魚之兆也。政教所覃。萬邦協和。四海來同。此即孚乃化邦之象也。乃知聖天子德盛化神。大則蠻夷率服。小則魚鱉咸若。治水而乘檋奏績。濟危而作楫有材。皆由履中居正。道協于中。德孚于外。是以天人感應民物效順。得以成風同道一之隆也哉。

通觀此卦。此卦次節。凡事有節。則有常可守。無節則汎濫無據而不信。故喜怒哀樂。中節謂之達道。達道。即信也。序卦傳曰節而信之。故受之以中孚。此中孚所以次節也。卦內三四兩偶爲虛。二五兩奇爲實。初上兩奇包外。恰如甲殼。鳥覆育其卵曰孚。應期而化。子自中出。故曰中孚。卦體巽上兌下。巽者東南司春。兌者正西司秋。自春至秋。自東至西。天地生物之功畢。兌往而入乾。歸于西北。化機斂藏。貞固而爲孚甲。遇巽復還東南。所以兌巽合而爲中孚也。在五行則兌爲金。巽爲木。金尅木。造物之理。生殺相因。卵不裂。不可以成鳥。木不刳不可以爲舟。巽木之利涉。兌金之功。故兌毀折而後能悅。巽雞伏雛。甲折而後羽毛見。中孚取象於孚卵。小過取象於飛鳥。法象之自然也。初象鳥之伏子。其心專一。故有有它不燕之辭。二象卵之受伏。其化將成。故有鳴鶴子和之辭。三象子之在殼。成敗可憂。故有得敵之辭。四象卵之將成。盈滿有時。故有月幾望之辭。五象雛之成群。飲啄相呼。故有有孚攣如之辭。上象雛之習飛。下上其音。故有翰音登天之辭。在人則初上之實爲軀。三四之虛爲心。二五之實爲情。然三四同虛。而有善有不善者。正則善。不正則惡。爻得位則正。失位則不正。初得位存誠。二得中相應。三不當位。四當位。上九陽亢外馳。故初二四五。孚之善也。三上。孚之不善也。此貞諒之辨。聖人所謂惓惓者也。

大象曰。澤上有風。中孚。君子以議獄緩死。

象不曰風在澤上。而曰澤上有風。顯見澤水本靜。因風而生波。猶言人心本平。因爭而速獄。巽曰申命。有議緩之象。兌爲刑人。有死獄之象。卦下互震。震爲議。爲生。爲緩。有議獄緩死之象。呂刑曰。獄成而孚。是獄必孚乃定。然獄雖孚。猶必議而緩之。即所謂罪疑惟輕是也。議獄者。審其所可疑。緩死者。求其所以生。孚之至也。故曰君子以議獄緩死。

(占)問時運。澤上有風。防有風波之險。○問營商。宜仔細酌議。寬緩行事。斯得免害。○問戰征。當以不嗜殺人爲心。斯爲心咸孚。所向無敵。○問功名。一時罪獄未平。功名難望。○問婚姻。婚媾致寇。因之速獄。宜愼。○問家宅。主有訟獄之災。○問疾病。危則危矣。一時生命可保。○問訟事。一時未了。○問六甲。生女。

初九。虞吉。有它不燕。

象傳曰。初九虞吉。志未變也。

虞。虞人也。巽四曰田獲三品。兌四曰孚于剝。月令冬日剝陰木。詩云九月剝棗。是謂斬木。是巽兌皆有虞人之象。故中孚初爻取之。王制獺祭魚。然後虞人入澤梁。按虞人入澤梁。在十月中。周禮山虞令萬民斬材木。賈疏艸木零落。然後入山林。亦在十月中。中孚爲十一月卦。正當入澤梁。斬材木時也。歲有常期。則漁者樵者。受命於虞人。入澤入林。各從其取。故曰虞吉。順中孚之時。不愆其候。不紛其志。無他求也。有他則上下不孚。漁樵失時。焚林竭澤。將自此起。不能安矣。故曰有它不燕。燕安也。象傳以志未變釋虞吉。謂變即有他。有他即不吉矣。唯其初志未變。是以吉也。

(占)問時運。陽剛當令。用心專一。不惑於他途。故吉。○問營商。安於本業。見異不遷。以交冬令爲利。○問功名。有志竟成。吉。○問戰征。巽初爻曰用武人之貞。從禽從戎。其義相同。所當專心壹志。踴躍前進。自可獲勝。吉。○問婚姻。有從一而終之象。○問疾病。病可無虞。但恐有他變。變則危矣。○問訟事。恐有別生枝節。○問六甲。生女。

(占例)友人某來。請占商業。筮得中孚之渙。

爻辭曰。初九。虞吉。有它不燕。

斷曰。爻曰虞吉。虞謂虞人。巽爲魚。兌爲澤。故有虞人入澤梁之象。虞人入澤。得其所取。故吉。若他有所求。則取非其時。故不安。今足下占商業。得此爻辭。知所謀之業。必近木近澤。所謀之人。皆已衆志相孚。事在初起。不必他求。業无不成。獲利以冬季爲宜。足下安心從事。可也。

九二。鳴鶴在陰。其子和之。我有好爵。吾與爾靡之。

象傳曰。其子和之。中心願也。

鶴鳴子和。喻中孚之相應也。鶴爲陽鳥。二以陽處陰。故曰在陰。春秋說題。稱鶴夜半則鳴。亦爲信鳥。有孚之象。蓋鳴者在鶴。和者爲子。一鳴一和。同聲相應。同氣相孚。有得中孚感應之妙者矣。我謂二。爾謂五。我有好爵。吾與爾靡之。靡。共也。謂二得此好爵。願與五共之。二五相應。志同道合。一如母子相依。有同鳴共棲之象。其至誠之感孚。如此。或疑五爲君位。不當言子。不知易尙變通。未可拘執一見也。象傳曰。中心願也。謂鳴和乃自然之應。中心相孚。孚之至也。

(占)問時運。此唱彼和。適得我願。正當運途亨通之會。○問營商。主客同心。氣誼相投。有交相獲利之象。○問功名。有父子同升之慶。○問戰征。上下一體。如以手使臂。以臂使指。一氣相連。有進則共進。退則共退之象。未易攻擊者。○問婚姻。得夫婦唱隨之樂。○問疾病。是傳染之症。○問家宅。必是貴顯之家。且得象賢之子。○問六甲。生女。

(占例)某貴顯傷偶。鰥居數年。友人屢勸續娶。不聽。一日聞岐阜縣士族。有一良婦。友人皆願爲執斧。恐某貴顯。固執不從。先爲一筮以決之。筮得中孚之益。

爻辭曰。九二。鳴鶴在陰。其子和之。我有好爵。吾與爾靡之。

斷曰。此爻曰鳴曰和。有兩心相得。同聲同應之象。卦名中孚。孚謂鳥抱卵。有育子之象。占娶婦得此爻辭。知娶得此婦。必能夫唱婦隨。家室和平。鶴鳴子和。好爵爾靡。且他日其子又能繼承父業。共享榮貴。可謂既得佳婦。又有佳兒也。大吉之兆。占得此爻。友人又懼某貴顯嚴肅。未敢啓齒。余又占其媒之成否。筮得兌之隨。

爻辭曰。九二。孚兌。吉。悔亡。

斷曰。得此爻。其成必矣。孚者。信也。兌者。悅也。既信且悅。復又何疑。余乃先衆往說。果得允諾。說而又有以閥閱一婦爲媒者。或疑前約。將有更變。余再筮之。遇履之睽。

爻辭曰。九五。夬履。貞厲。

斷曰。履之三爻。爲虎尾。五爻爲虎背也。今某貴顯騎虎之勢。有不能中止之象。且五爻象傳曰。夬履。位正當也。是前約之婦。可爲正婚也。知前約之婦。必不能罷。友人不聽。進告貴顯。貴顯決意不允。准從前約。因類記之。

○明治三十年。占我國與美國交際。筮得中孚之益。

爻辭曰。九二。鳴鶴在陰。其子和之。我有好爵。吾與爾靡之。

斷曰。鶴鳴子和者。是謂母子相依。鳴聲相和。好爵爾靡者。是謂天爵之尊。爾我共有。此中相親相愛之情。中懷固結。有默相感召者也。今占我國與美國交際。得此爻象。知我二邦。隣交素篤。雖遠隔重津。渾如父子兄弟。共處一室。爾愛我憐。無詐無虞。各保天位。共修天爵。此後交際。當有益見親睦也。

六三。得敵。或鼓或罷。或泣或歌。

象傳曰。或鼓或罷。位不當也。

易例。以倶剛倶柔謂敵應。此爻三四倶柔。敵體也。故曰得敵。二至四互震。震爲鼓。又互艮。艮爲止。止即罷也。故曰或鼓或罷。兌爲口。能歌。巽爲號。象泣。故曰或歌或泣。或者不定之辭。蓋三與四敵。始怒而鼓。復懼而罷。繼喜而歌。復悲而泣。皆由中心無主。言動改常。其象有如此者。夫人有孚。雖千里相應。孰非吾與。不孚雖一室相違。皆爲吾敵。固不在外貌之相親。而在内心之相孚也。三居兌之極。說不由中。故進退無極。憊可知也。象傳以位不當釋之。謂三以陰居陽。位不當也。

(占)問時運。目下運途顚倒。○問營商。忽盈忽虧。忽成忽敗。皆由主謀不定。○問功名。升降无常。榮辱隨之。○問戰征。强敵在前。難以制勝。○問婚姻。反復未成。○問家宅。宅神不安。事多顚倒。○問疾病。時重時輕。防有鬼祟。○問行人。欲歸復止。一時未定。○問失物。防得而復失。○問六甲。生女。

(占例)知友某出仕某縣。頃有書來曰。奉内命。得陞一級。自慊材力。不能任勝。不如仍居現職。諸事熟鍊。僚友同心。幸無曠悮也。請煩一占。筮得中孚之小畜。

爻辭曰。六三。得敵。或鼓或罷。或泣或歌。

斷曰。爻以敵應在前。以致進退无恒。哀樂不定。有得不足喜。失不足憂之象。今足下占宦途升遷。得此爻象。知足下近有晉級之喜。然其中尙有轉折可慮。爻辭所謂鼓者進也。罷者退也。泣者悲也。歌者樂也。是明言時事顛倒。心神潦亂。必有忌者爲之播弄於其間也。是謂得敵。故雖陞遷。不如不調。仍服原職爲是。」

六四。月幾望。馬匹亡。无咎。

象傳曰。馬匹亡。絕類上也。

六四重陰之爻。月。陰也。故象取月。月至幾望而始盈。盈則中實。有孚之象。四與五比。五爲君位。日也。四爲月。月無光。得日之光以爲光。是日月交孚也。孚之正者也。故曰月幾望。馬者。卦體本乾。乾爲馬。四動成巽。乾象已失。故曰馬匹亡。匹謂初。以四與初以類相應。謂之匹。巽爲風。馬之良者。能追風。中孚十一月。正胡馬感北風之時。是中孚之氣候。有以感之也。象以馬匹亡。釋曰。絕類上也。類。上也。初亦乾體。象馬。如馬之離其羣匹絶初之類。而上五也。月幾望者。光盈滿之嫌。馬匹亡者。无黨同之累。夫復何咎。窃又別得一說。按馬得月之精氣而生。月與馬自相感孚。故月馬竝言。幾望者。爲月盈滿之時。匹亡者。即傳所謂絶類。是馬之至良至馴者也。四爻重陰得坤氣。坤爲月。亦爲牝馬。爻象兼取之。以其并氣相孚也。亦足備解。

(占)問時運。運當全盛。宜保泰持盈。去私從公。得以无咎。○問營商。月幾望。喻財利之豐盈。馬匹亡。喻謀事之快利。吉。○問功名。有春風得意之象。○問戰征。宜於月夜進攻。馬脫蹄。兵銜枚。奮勇而上。定可獲勝。○問婚姻。願望頗豐。匹亡者。恐不久有喪偶之災。○問疾病。三五之期。不利。○問家宅。此宅陰氣太盛。恐同居中。難免死亡之禍。○問行人。十四五可歸。○問六甲。生女。

(占例)縉紳某來。請占謀事。筮得中孚之履。

爻辭曰。六四。月幾望。馬匹亡。无咎。

斷曰。爻象取月。取馬。月則乘時而滿。馬者絶塵而趨。是爲全盛之象。今足下占謀事。得中孚四爻。知足下所謀之事。約在望前可以成就。惟一時同謀諸友。其間有性情契合者。亦有意氣不投者。所謂風馬牛之不相及也。宜以其不投者。絕謝之。使不致敗乃事矣。故无咎也。

九五。有孚攣如。无咎。

象傳曰。有孚攣如。位正當也。

九五爲孚之主。有孚一言。惟五足以當之。巽爲繩。五艮爲手。象攣。五居君位。二爲臣位。五與二相應。即與二相孚。孚曰攣如。孚之至也。孚於臣。孚於民。亦可孚於邦。彖所謂孚乃化邦。由是而暨焉。小畜五爻。亦曰有孚攣如。中孚與小畜同體巽順。故同象。象傳以位正當釋之。謂二五之位適當。是以牽繫不絕。故能有孚如此。

(占)問時運。所謀所求。無不稱心。○問營商。同心協力。合夥經營。無不獲利。○問功名。有求必成。○問戰征。軍心固結。戮力同心。自能制勝。○問婚姻。有二人同心。百年好合之慶。○問家宅。一家和樂。百室盈止。○問疾病。病由肝風。致手屈牽攣。帶病延年。尚无咎也。○問訟事。防有桎梏之災。○問六甲。生女。

(占例)縉紳某來。請占請婚。筮得中孚之損。

爻辭曰。九五。有孚攣如。无咎。

斷曰。卦象爲至誠感孚。心心相印。故曰中孚。五爻爲爻之主。爻曰攣如。正見其相孚之情。有固結而不解者矣。今占婚姻。得此爻象。知兩家必是素相契合。有如手如足之好。此番締姻。自然夫唱婦隨。莫不靜好。且五爲貴爻。亦必是名門閥閱之家。大喜。

上九。翰音登于天。貞凶。

象傳曰。翰音登于天。何可長也。

雞曰翰音。雞必振羽而復鳴。翰羽翮也。雞鳴不失時。孚之象也。雞本微物。而翰音遠聞。人無實德。而有虛聲者似之。上居孚極。區區小忠小信。上徹九天。雖正亦凶。象傳釋以何可長也。謂其繩盜虛聲。何能久乎。

(占)問時運。運途亦盛。但虛而無實。轉覺可危。○問營商。場面頗廣。聲勢亦宏。有外觀而無內蘊。恐其不能久也。○問功名。繩盜靈聲。君子所恥。○問婚姻。恐難偕老。○問家宅。此宅有牝雞司晨之象。家業難保。凶。○問疾病。肝風作痛。喊叫聲聲。病狀頗苦。凶。○問訟事。勢將上控。凶。○問六甲。生女。小兒善啼。恐難育。

(占例)一日有自稱天爵大神者。來。余問其名之何來。并相訪之意。彼曰。余愛知縣士族也。爲患道路險惡。行者苦之。乃携鍬一挺。出東海道。獨力修繕。凡至一鄉。呼告村人。使咸相助力。率以爲常。一日山田大臣。經過其地。見余修路。促使相見。余乃陳述心願。大臣贊之曰。忘身而圖公益者。謂之天爵大臣。余因之自號爲天爵大神。問其來意。曰。今欲架一橋。勸募資助。余乃金若干與之。大神又請占運氣。筮得中孚之節。

爻辭曰。上九。翰音登于天。貞凶。

斷曰。一鳴而聲聞于天者。鶴也。雞乃家禽。而妄竊鳴鶴之聲。繩盜虛聲。恐干災禍。故爻曰貞凶。今君占氣運。得此爻象。適與君之作爲。如合符節。君以苦心苦力。修繕道路。事非不正也。然好名之心太重。實欲藉此區區勞力。以博美譽。試觀水無源者立涸。木無根者立枯。名而無實。其安能不敗乎。且君稱名駭異。即取禍之由也。須歛跡自晦。可以免害。

䷽ 雷山小過

爲卦二陽在內。四陰在外。陰爲小。謂之小。陰過於陽。謂之過。卦體震上艮下。震動也。艮。止也。動止宜得其中。若過動過止。皆謂之過。震爲雷。艮爲山。若雷過猛。山過險。亦謂之過。以其所過。皆在小事。此卦所以名小過也。

小過亨。利貞。可小事。不可大事。飛鳥遺之音。不宜上宜下。大吉。

小過者。陰過乎陽。即行過乎恭。用過乎儉。喪過乎哀之謂也。過在細故。道乃可通。故曰小過亨。利貞者。矯世勵俗。利在歸正。故曰利貞。四陰擅權在外。二陽遁處于中。柔弱無力。不足以當大任。祇可小受而已。故曰可小事。不可大事。震爲鵠。又爲音。故曰飛鳥遺之音。遺其音者。哀鳴之聲也。飛鳥過高。欲下不得。哀鳴求救。上則愈危。下則猶得安集。故曰不宜上宜下。大吉。吉在下也。

彖傳曰。小過。小者過而亨也。過以利貞。與時行也。柔得中。是以小事吉也。剛失位而不中。是以不可大事也。有飛鳥之象焉。飛鳥遺之音。不宜上宜下。大吉。上逆而下順也。

過當之謂過。過有大小。是以卦名。亦分大小過。陽過乎陰。則過大。陰過乎陽。則過小。二卦內外反對。各有偏勝。故爲過也。小過動而遂止。所過者小。小則可通。故曰小者過而亨也。一動一止。宜當其時。當時之謂正。時當小過。宜以小過處之。故彖曰利貞。而傳則曰過以利貞。與時行也。言其因過而得利貞。乃其時之當過也。可小事者。謹小愼微。力所優爲。以二五之柔得中也。不可大事者。遺大投艱。才不勝任。以三四之剛失位也。飛鳥之象者。二陽在中。象鳥身。四陰在外。象鳥欲翼而飛也。鳥之徊翔審集。所以避害。一遭矰弋。則鳴聲上下。呼羣求救。

如語所云鳥之將死。其鳴也哀。故曰飛鳥遺之音。乘上則逆。逆則必凶。承下則順。順則大吉。故曰不宜上。而宜下也。

以此卦擬人事。震動艮止。人事不外動止兩端。動而過動。動即爲過。止而過止。止亦爲過。所過者小。是謂小過。在人不動不止。則可无過。然不動不止。則亦不亨。唯其有過。乃亦有亨。故曰小過亨。所謂過者。往往因時之過刻。而故崇其厚。因時之過猛。而故用其寬。過之不失正。以其能應時而行也。時而宜柔。人唯行其柔耳。柔得其中。故小事吉也。時而宜剛。人唯行其剛耳。剛失其位。故不可大事也。蓋人事之所以得中失中者。唯以時宜爲準而已。至所謂不宜上而宜下。觀夫飛鳥而得其象焉。飛鳥象由節上六來。節上曰翰音登于天。凶。是即不宜上宜下之旨也。飛鳥上則危。下則安。故曰上逆而下順也。以喻人事驕亢則危。遜順則安。乃知謙卑下人者。雖大任不能當。而小事則無不吉也。唯在柔之能行夫時而已矣。

以此卦擬國家。國家之大典。如夏尚忠。殷尚質。周尚文。三王締造。其制作皆因時而定也。故時宜忠而忠。時宜質而質。時宜文而文。各因其時。即各得其貞。而道無不亨矣。非其時則過於忠。過於質。過於文。皆謂之過也。其過雖小。亦不得謂之非過哉。此過所以分大小過也。大過四剛在外。才力盛大。故過亦大。小過四柔在外。知識淺小。識小故過亦小。譬如身任國政者。大權在握。其成大。其敗亦大。小節自謹。其得小。其失亦小。此皆在剛柔之分也。故柔得中。則小事必吉。剛失位。則大事不可爲矣。即凡政事之道。有順有逆。有上有下。莫不由此而出焉。宜下而下。則謂之順。宜下而上。則謂之逆。逆者凶。順者吉。觀夫鳥之高飛也。翱翔冥漠。不知所止。不下則不得其食。亦不得其棲。哀鳴嗷嗷。有欲下而不得者矣。凶之道也。爲國家者。居高履危。當取象於飛鳥而自警焉。斯知所順逆矣。」

通觀此卦。大過自頤來。口腹之養過度。則有死喪。小過自中孚來。性情失常。則有災眚。故小過之內。互爲大過。不中不信。動而不止。必同至滅亡。彖曰亨者。謂人宜收歛改悔。則自亨通。使亦如大過之不懼無悶。其咎反甚於大過。何則。大過有陽剛之才。而小過陰柔。飛揚躁擾。尤所深忌也。卦之取象於飛鳥者。亦有中孚上爻翰音登天來也。故卦體中。二奇象鳥身。上下四偶象鳥翼。艮欲止而震欲動。四陰用事。二陽迫處凶懼之地。任陰所往。不能自止。如鳥之振翼高飛。身不自主。翼飛愈遠。身愈不安。哀鳴疾呼。求援不得。所謂飛鳥遺音是也。故小過之時。下止則吉。上動則凶。所謂不宜上宜下是也。六爻皆取鳥象。初上在外。爲翼之翰。皆凶。二五爲翼。二无咎。下也。五雖中。无功。上也。三四爲身。三艮止之主。不能止而上應。故凶。四震之主。雖動而下應。故无咎。是以傳所謂上逆而下順者。道由是焉。

大象曰。山上有雷。小過。君子以行過乎恭。喪過乎哀。用過乎儉。

震雷者。動而不止。艮山者。止而不動。山上有雷。是雷爲山所止。雷必小矣。故爲小過。君子取其象以制行。而行不嫌其過恭。取其象以居喪。而喪不嫌其過哀。取其象以致用。而用不嫌其過儉。蓋曰行曰喪曰用。皆動也。象震。曰恭曰哀曰儉。皆止也。象艮。其恭。過哀。過儉。皆所以矯一時之弊也。以其非中行也。謂之小過。然亦足矯世而勵俗焉。

(占)問時運。運途清高。有不屑汙同流俗之概。○問營商。因一時價値過高。不合時宜。買賣均難。○問功名。以其不諧時俗。反爲人忌。○問戰征。屯營山上。地位過高。進退俱難。○問婚姻。想是老夫女妻。年歲相去過遠。○問家宅。此宅想在高山。○問疾病。是過寒過熱之症。須調劑得中。○問六甲。生男。

初六。飛鳥以凶。

象傳曰。飛鳥以凶。不可如何也。

以者。即左右之曰以是也。鳥以翼而飛。初與上。象取兩翼。故皆言飛鳥。小過不宜上宜下。初在下。更不宜上。飛則振翼直上。欲下不能。其凶可知也。故曰飛鳥以凶。初居艮止之始。本無飛象。初與上相終始。上居震動之終。上之鳥。動而思飛。初上分爲兩翼。一翼一飛。一翼不能獨止。故飛則俱飛。凶亦俱凶。象傳釋以不可如何。謂上逆下順。初在下。乃不順下而逆上。是自取其凶也。亦無可如何耳。

(占)問時運。不安本分。妄思風騰上進。凶。○問營商。力小而圖大。位卑而謀高。不自量力。必致敗也。○問功名。宜卑小自安。○問戰征。初在艮下。宜安兵不動。○問婚姻。宜門戶相當。不宜攀結高親。○問家宅。屋宇以低小爲宜。○問疾病。神魂飛越。凶。○問六甲。生男。

(占例)友人某來。請占謀事成否。筮得小過之豐。

爻辭曰。初六。飛鳥以凶。

斷曰。鳥本以栖集爲安。以飛翔爲勞。飛而不下。是鳥不得其栖息矣。是以凶也。猶如人皇皇道路。有不遑安處之狀。今君占謀事。得此爻辭。知君所謀。意欲舍小圖大。去低就高。爲力謀上進之事。就爻象而論。鳥之飛。愈上愈危。欲下不得。喻言君之謀事。愈大愈難。不特其事不成。即他日欲退而就小。而亦不能也。勸君安心退守。不作妄想。斯可免凶也。

○二十七年冬至。占二十八年我國與露國交際。筮得小過之豐。

爻辭曰。初六。飛鳥以凶。

斷曰。初爻處艮之下。艮。止也。本不宜動。乃鳥以動而飛。是失艮之止。以從震之動。舍順就逆。是以凶也。象辭曰。不宜上宜下。鳥能安其在下。則凶可免矣。今占我國與露國交際。得此爻象。是當以內艮屬我。外卦震屬露。在露虎視眈眈。祇知動兵爭强。我以止戈無事。安息民心爲尚。現雖與清交戰。亦出于勢之不得已也。乃露若忌我之勝。有躍躍欲動之意。彼動而我亦不能不動。故初與上。皆言飛鳥。是象之發現在此。果若兩動。則必兩凶。當謹守宜下之戒。則可以免凶。後我與清國媾和。俄國出而與英德連盟。爲清索還遼東。我政府能法順下之旨。乃得平和結局。

六二。過其祖。遇其妣。不及其君。遇其臣。无咎。

象傳曰。不及其君。臣不可過也。

易例。陰陽相應。爲君臣。爲夫婦。取其配偶。無應者。或爲父子。或爲等夷。或爲嫡媵。或爲妣婦。取其同類。五爲父母之位。亦爲祖妣之位。陽爻爲父爲祖。陰爻爲母爲祖妣。五爲父母。則必以二爲子。五爲祖妣。則必以二爲孫。今二五皆陰。而不相應。有妣婦之配。故曰過其祖。遇其妣。常例五爲君。此卦君當謂上。五則臣也。故臣謂二五。過四而與五遇。則止於五而不上。故曰不及其君。遇其臣。可過而過。不及而不及。爲能得經權之中。無過不及之偏。故无咎。且二五以柔相親。五尊二卑。卑之于尊。弗過則可承其禮遇。過則有踰越之嫌。故五視上雖爲臣。而二不可遇也。不可遇。則二于上。但覺廉高堂遠。瞻仰弗及矣。不可過而不過。安于宜下。夫何咎。此小過之最善者也。象傳之所釋者以此。

(占)問時運。運途平順。不得其全。猶得其半。亦可无咎矣。○問營商。貿貨以往。雖未得滿載而歸。亦足稱十得其五矣。○問功名。不得其上。已獲其中。○問戰征。已得斬其將。拔其旂。夫復何咎。○問疾病。藥力未到。○問婚姻。恐非正配。○問家宅。宅神不安。○問六甲。生男。

(占例)明治十八年七月。余避暑遊伊香保。有號其角堂主人者。工俳諧。訪余旅寓。自云近來俳諧道衰。是愚所嘆息也。每年朝廷有和歌御製。許民間咸相賡和。獨俳諧無聞。愚竊欲上俳諧天覽之議。聞先生通曉神易。請占成否。筮得小過之恒。

爻辭曰。六二。過其祖。遇其妣。不及其君。遇其臣。无咎。

斷曰。此爻六二重陰。柔弱無力。爻曰遇妣遇臣。所遇皆陰象。又曰不及其君。是明言不能上達君聽也。足下占俳諧上呈。得此爻辭。在俳諧爲和歌變體。主文譎諫。片字隻句頗得温和厚平之旨。固非徒玩弄風月已也。爻辭曰。過其祖。遇其妣。不及其君。遇其臣。即此論之。雖不及上獻九重。或獻之於宮闈。或陳之於貴顯。當必有風雅相尚者矣。故曰无咎。其角堂主人得此占。大爲心喜。

○二十九年六月。朝鮮人朴泳孝。歸自米國。訪我山莊。曰朝鮮政府同志者以王內命。促余歸國。余猶疑未決。請爲一占。以定行止。筮得小過之恒。

爻辭曰。六二。過其祖。遇其妣。不及其君。遇其臣。无咎。

斷曰。爻辭曰。不及其君。已可見促足下歸國者。不出於君命。或出自臣下之意也。爻象六二重陰。陽多吉陰多凶。去恐有禍。且卦體上動下止。貴國政府來召。應外卦之動。內卦艮止。以示足下不歸之兆。爻象如此。在足下雖故國殷情。還宜自愛。切勿匆匆歸去。朴泳孝聞此占。遂絕歸計。後聞朝鮮政府。黨類傾軋。廷臣多有以寃罪就刑者。

○三十年。占我國與英國交際。筮得小過之恒。

爻辭曰。六二。過其祖。遇其妣。不及其君。遇其臣。无咎。

斷曰。我國與英國。地隔重洋。相距數萬里。兩國所以連盟者。全籍使臣之通其好耳。即爻辭所云。不及其君。遇其臣之謂也。就卦位言。內卦屬我。外卦屬英。二五各居卦中。就卦象言。全卦象取飛鳥。二五爲鳥兩翼。飛則兩翼俱動。足見我兩國聯合之象。相挾相助。儼同一體。故无咎也。

九三。弗過防之。從或戕之。凶。

象傳曰。從或戕之。凶如何也。

三處下卦之上。重剛不中。彖所謂不可大事者。三四當之。且三爲多凶之地。過將焉往。故爻曰弗過。卦體剛陽。一畫橫亘其中。有防之象。艮。止也。有防之義。防者。止其過也。止其過。即當弗過。上互兌。兌爲金刀。有戕之象。三踰防而過。或有從而戕之者矣。或雖爲未然之事。而其勢已岌岌可危。故凶。象傳曰。凶如何也。謂純剛既足召禍。强進更必致災。凶由自取。無如何也。

(占)問時運。運途不正。謹愼自防。尚可免禍。○問營商。販運出外。防遇盜劫之凶。宜勿前進。○問功名。切弗往求。求則有禍。○問婚姻。匪婚媾。則寇讎也。宜防。○問家宅。有凶禍臨門。宜謹防之。○問疾病。防是刀傷。凶。○問失物。不必追尋。方可免災。○問訟事。防干大辟。○問六甲。生男。難育。

(占例)橫濱商人。橘屋磯兵衛氏來。曰友人左右田金作。今朝遣店童。送紙幣三千圓。於三井銀行。至午後未還。往問三井銀行。云。並未送來。於是馳人徧索。不得踪跡。請爲一占。明示方位。筮得小過之豫。

爻辭曰。九三。弗過防之。從或戕之。凶。

斷曰。卦體震上艮下。艮爲少男。震爲長男。三爻重剛不中。正當二男之象。辭曰。弗過防之。從或戕之。凶。三在內。四在外。言三須謹防。弗過四處。若踰防而過。恐遭戕賊之禍。據此爻象。此人必已遭害。在謀害者。必是相熟之人。非外來之盜賊也。爻在第三。三爲鳥身。一時不能飛逸。五爻曰公弋取彼在穴。自三至五。爲三日。不出三日。凶手必可捕獲也。後三日。果得此死屍於某之米櫃中。謀害者。名雨宮忠右衛門。捕執鞠問。二人係同鄉。常相往來。此日該童携三千金幣過忠右之宅。忠右知其齎大金。頓起不良。縊而殺之。奪其金。隱匿死體於米櫃中。以布裹之。意將託鄰人而棄諸江云。

九四。无咎。弗過遇之。往厲必戒。勿用永貞。

象傳曰。弗過遇之。位不當也。往厲必戒。終不可長也。

四亦陽剛不中。四處外卦之下。以剛居柔。非若三之重剛在上也。故无咎。弗過遇之。遇者不期而遇者也。小過不宜上宜下。不可前往。往則有危。故曰往厲必戒。所以戒其妄動也。彖曰過以利貞。與時行也。時當夫動。以動爲貞。時當夫止。以止爲貞。貞在隨時。不在固守。故曰勿用永貞。象傳以位不當釋弗過遇之。謂以陽居陰。剛而失位。示弗過五也。以終不可長釋往厲必戒。謂往則有危。不可長守其正也。此爻九家易謂四進則遇五。不復過。于卦象最合。漢人言象。固有至當不易者。

(占)問時運。運以當可之謂時。勿宜妄動輕進。○問營商。得可而止。切勿過貪。○問功名。不求躁進。自得巷遇之慶。若妄動希榮。恐反遭禍。○問戰征。四剛而失位。勿宜進攻。乃可无咎。○問婚姻。自有良緣。得時則遇。勿宜急急媒聘。○問家宅。安居爲宜。無用遷移。○問六甲。生男。

(占例)友人某來。請占借貸錢財。筮得小過之謙。

爻辭曰。九四。无咎。弗過遇之。往厲必戒。勿用永貞。

斷曰。四處震之始。震爲動。動則思欲前往。自四往上。必先過五。爻曰弗過。當自有禮遇。禮遇卽在五也。遇則反危。必當戒愼。今占借貸。得小過四爻。知足下爲借貸而前往。四與五比。不可過也。弗過於五。必有相遇於五也。五爻曰。密雲不雨。則大惠必難望矣。又曰弋取在穴。則小惠當必得也。若越五而往。不特无獲。且致危厲。所當自戒。

六五。密雲不雨。自我西郊。公弋取彼在穴。

象傳曰。密雲不雨。已上也。

密雲不雨。與小畜彖辭同。言其不能濟大事。卽彖辭所云不可大事之義也。六五以陰居尊。陰之盛也。陰盛則有雲雨之象。五互兌爲密。故曰密雲。兌又屬西。故曰西郊。上震下艮。震動而艮止之。故曰不雨。蓋小過盛陰在外。陽氣伏藏。是以密雲而不雨也。雲之占自東而西則雨。自西而東則不雨。故曰自我西郊。易例。大事稱王。小事稱公。小過可小事不可大事。故曰公。卦自坎來。坎爲隱伏。穴之象。坎又爲弓。爲弧。弋之象。弋所以取飛鳥也。故曰公弋取彼在穴。密雲不雨。是不可大事也。弋取在穴。是可小事也。不宜上。故雲在上而不雨。宜于下。故穴在下而可弋。五爲卦主。故彖之旨。皆於五發之。象傳曰已上也。亦即以釋彖不宜上之意也。

(占)問時運。運途平平。難成大事。只可小受。○問營商。小利可占。○問功名。伏處山林。當有弓旌下逮。○問戰征。敵於山穴中設有埋伏。宜先攻取之。○問婚姻。是鑽穴隙以相從者。非正娶也。○問天時。大旱。○問失物。當就穴地中覓之。○問疾病。宜用針刺之法。治之。○問六甲。生男。

(占例)三十年。占陸軍省氣運。筮得小過之咸。

爻辭曰。六五。密雲不雨。自我西郊。公弋取彼在穴。

斷曰。雲行雨施者。動象也。震動而艮止之。故有雲而不雨。艮爲穴。震爲逐。象弋取。是穴在下。而震取之。即彖宜下之謂也。爻象謂雨不下降。是不可大事。謂穴而可取。是爲可以小事。今占陸軍氣運。得此爻辭。陸爲旱地。本不取雨。西方屬金。金兵象。我國居東。兵必西行。西郊正行兵之地也。穴亦陸地。可以伏兵。公指陸軍之大臣也。弋本軍政所必需。或於軍隊之暇。獵彼山野。弋取飛鳥。以供軍食。弋本小事。無不可也。知本年陸軍無大動作。可相安無事也。

上六。弗遇過之。飛鳥離之。凶。是謂災眚。

象傳曰。弗遇過之。已亢也。

上爻重陰不中。居全卦之極。上與初爲終始。故初曰飛鳥。上亦曰飛鳥。四曰弗過遇之。上曰弗遇過之。其義大反。弗過者。謂弗過於五。而自得所遇。遇則无咎也。弗遇者。謂不過於五。而復欲過之。過則必凶也。位處卦外。象爲鳥翼。與初竝飛。初當始飛。已知其凶。上則其飛已極。故凶尤甚。羅網高張。欲脫不得。詩所詠魚網之設。鴻則離之。是也。以亢致災。違不宜上之戒也。故象傳即以亢釋之。

(占)問時運。高而愈危。進而愈厲。不知退守。凶由自取也。○問功名。躁進取禍。○問營商。既不遇時。又復妄進。必致取敗。○問戰征。凡行軍前進。不遇敵兵。知敵軍必於暗地設伏。宜即退軍。否則必陷險難。○問婚姻。防墮奸媒之計。○問六甲。生男。

(占例)友人某來。請占其子疾病。筮得小過之旅。

爻辭曰。上六。弗遇過之。飛鳥離之。凶。是謂災眚。

斷曰。卦象取飛鳥。上爲鳥翼。鴻毛遇順風。飛鳥之所顧也。乃不遇而復過之。是鳥之飛而不止者。取凶之道也。今足下占子病。得此爻辭。上處震之極。震爲長子。知足下必長子患病。爻象重陰不中。知病必是過寒之症。醫者不察其過寒。而復以寒涼之劑進之。是以病愈凶也。鳥離羅網。是謂活捕。尙未致死。其病猶可望生。此爻已終。下卦既濟。既濟者。謂得濟夫險也。如此則病又可挽回矣。

䷾ 水火既濟

卦本地天泰。泰交故水火濟。水在地中。未升於器。火在木中。尚麗于空。卦取潤下者加諸火上。取炎者厝諸水下。是謂既濟。此卦所以名水火既濟也。

既濟亨小。利貞。初吉終亂。

濟者。渡也。既者。盡也。萬事皆濟。故曰既濟。卦取坎離。坎水潤下。離火炎上。相交爲用。陰陽和會。百務就理。無有不亨。然既濟之亨。亨猶其小者耳。故曰亨小。在處既濟者。猶當勿侈其亨。在勵其貞。貞於初。亦貞於終。斯有吉无亂矣。故曰利貞。若不能長保其貞。則亨通未久。危亂隨之。故曰初吉終亂。

彖傳曰。既濟。亨。小者亨也。利貞。剛柔正而位當也。初吉。柔得中也。終止則亂。其道窮也。

序卦傳曰。有過物者必濟。故受之以既濟。譬如有過人之才德者。然後可以濟世。此既濟所以繼小過也。既濟未濟。處易上下經之終。其象皆取諸坎離。坎離者。天地之大造。水火者生人之大用。水得火不寒。而資生之利普。火得水不燥。而烹飪之功成。水火相濟。謂之既濟。既濟者。剛柔得中。物無不濟。雖小亦通。故曰亨小。傳曰。小者亨也。小者尚亨。何況於大。蓋亨之道。由既濟而來。則得其亨者。更當保其既濟。是宜利貞。剛柔正而位當。既濟之所以爲既濟者。在此矣。由是而得亨。由是而得貞。亦由是而有始。由是而有終。則有治無亂可也。傳曰初吉終亂。正爲不能持終者戒焉。故凡當既濟之時。所貴防微杜漸。持盈保泰。斯汲汲求治。不至有初而鮮終也。若徒拘於目前。而志滿氣盈。不自乾惕。則治于此止。即亂于此起矣。可不慎哉。傳以柔得中釋初吉。謂柔小尚得其中。則剛大無不濟矣。是以吉也。以道之窮釋終亂。謂進修既以中止。則前功必難恃矣。是以亂也。

以此卦擬人事。人事之用。莫大乎水火。在人身則以血氣爲水。以心神爲火。在日用則灌漑必需水。烹飪必需火。且水非火。亦无以奏其功。火非水則无以成其用。蓋水火雖相剋。而實以相成。相成則相濟。相濟則相通。使小有來通。即不足謂之濟也。既濟則無不通矣。故曰既濟亨小。是既濟在人事。大而邦家。小而身心。窮通得失。生死存亡之故。皆在其中。傳曰小者亨也。而大者要亦無不亨矣。卦體以柔居柔。以剛居剛。各得其正。即各當其位。譬如人事之無所偏曲。道在利貞。而邪僻自不得行也。柔得中。謂離之中虛。虛則明。離在下。故曰初吉。止則亂。謂坎之中滿。滿則危。坎在上。故曰終亂。凡人事之靡不有初。鮮克有終。觀夫既濟。當知所戒矣。

以此卦擬國家。爲卦內離外坎。坎難也。離明也。是以離明而濟坎難。即明夷所云。文明柔順。而蒙大難之旨也。以明濟難。而難定矣。是之謂既濟。既濟而視若未濟。則濟於初。亦濟於終。斯亨者永亨。貞者永貞。而治道庶乎其不窮矣。若既濟而自恃爲既濟。則止則吾止。其道窮也。自古帝王精一危微之傳。其在玆乎。

大象所云。思患預防者。正所以保既濟之終也已。

通觀此卦。易六十四卦。首乾坤。上經三十卦。終坎離。以其爲天地之終也。下經
三十四卦。終既未濟。以其爲坎離之交也。天下之事。未濟則憂其不濟。既濟則
宜圖其永濟。然無終不初。无往不來。一治一亂者。天也。一陰一陽者道也。天無
無陰之陽。世無不亂之治。今以爻觀。六位得所。未有如既濟者。奇偶各三。其數
均也。以陰居陰。以陽居陽。其位當也。六爻上下。剛柔相配。其應正也。乾坤以來。
三百八十四爻。循環往復。變化交錯。而後得既濟。離明在內。坎險在外。明以消
險。以開濟世成功之會。由此而愼始圖終。有治无亂。固萬世人民之幸福也。然
亂極思治。治極思亂。天運剝復。卦象已示其機矣。下離而互坎。上坎而互坎。反
復之象也。以陰而乘陽。初治而終止。盛衰之兆也。故象曰終止則亂。可知造化
之數。不能長治久安者。非人力之强排。可以終濟也。又以圖數推之。初剛。二柔。
三剛。四柔。五剛。六柔。與天一。地二。天三。地四。天五。地六。其數正合。然至六而止。
是亦天地無完數也。所以未濟方來。皆自然之法象。故衆人以既濟爲喜。聖人
以既濟爲憂。何者。未治易治。既治難保。六爻之孜孜以保濟者。各有次序焉。初

爲濟之始。力求其濟者也。二得濟之中。不失其濟者也。三涉濟之險。言其濟之甚難也。四處濟之時。懼其濟而復失也。五受濟之福。喜其濟之合時也。六當濟之極。慮其濟之不可久也。凡卦皆至終而窮。旣濟之終。則爲未濟。六十四卦窮于未濟。旣濟變而爲未濟。豈但旣濟之窮而已哉。則初吉其可恃乎哉。

大象曰。水在火上。旣濟。君子以思患而豫防之。

水性潤下。火性炎上。水在火上。火在水下。二者相資爲用。得以成旣濟之功也。君子玩其象。而凜凜焉。不以旣濟爲可恃。更以旣濟爲可危。坎險在外。防患之象。離明在內。豫思之象。禍每生於不測。害即伏於旣安。豫時而防之。則可以保其初吉。即可以戢其終亂。故曰君子以思患而豫防之。

(占)問時運。運途全盛。盛極必衰。須防後患。○問營商。目下貨物。得時得價。正當滿足。須留後步。○問功名。居高思危。得防其終。○問戰征。大難旣平。大險旣定。戰勝功成。還宜圖始保終。毋貽後患。○問家宅。大厦旣成。苟完苟合。貽謀孔遠。

○問婚姻。有好合百年之兆。○問疾病。大病既痊。更宜自保○問訟事。毋再涉訟。○問六甲。春夏生女。秋冬生男。

初九。曳其輪。濡其尾。无咎。

象傳曰。曳其輪。義无咎也。

既濟爻義。大略與泰同。泰下卦三爻。爲泰中之泰。上卦三爻。爲泰中之否。既濟亦然。其所以分內外者。離爲明。坎爲險。猶泰以乾爲有餘。坤爲不足也。既濟初爻。以濟渡取義。故有曳輪濡尾之象。坎爲輪。爲曳。初爲尾。曳其輪者。曳之前進。是用力而求濟也。按詩濟盈不濡軌。始濟而濡及馬尾。言濟之難也。然尾雖濡而曳不倦。曳者濟矣。初居濟之始。力求其濟如此。故无咎也。象傳即以无咎釋之。

(占)問時運。運未脫險。當自奮勉。可以无咎。○問營商。初次經營。跋涉多艱。前而不止。雖危得濟。无咎。○問功名。先難後獲。○問戰征。雖有車脫馬蹶之危。一鼓而進。當必可獲勝也。○問家宅。初次遷居。雖此宅或輪奐不美。或首尾不完。居之无咎。○問婚姻。火爲水妃。初聘則吉。○問疾病。初病雖危无咎。○問六甲。初胎生女。○問失物。物已沾水。當就車中覓之。可得。○問行人。在途。稍有水災。无咎。

（占例）明治二十一年。縉紳某來請占氣運。筮得既濟之蹇。

爻辭曰。初九。曳其輪。濡其尾。无咎。

斷曰。輪車輪。涉水之具。尾馬尾。爲水所濡也。是爲曳輪濟水。馬尾被濡。蓋言初濟之難。初能用力求濟。終得无咎。足見人當涉險之時。奮力脫險。險无不可濟也。今貴下占時運。得既濟初爻。知貴下方今盛運已來。時安身泰。但險難初脫。尚小有災害。可无患也。明後二三年。猶須謹戒。四年後。則吉福來臨。全盛有慶。无往不利。

六二。婦喪其茀。勿逐。七日得。

象傳曰。七日得。以中道也。

火爲水妃。故二離象婦。茀。車蔽也。爾雅輿。革。前謂之艱。後謂之茀。竹。前謂之禦。後謂之蔽。曰茀。曰蔽。以竹革而異也。詩則統謂之茀。碩人翟茀以朝。孔疏云。婦人乘車不露。車之前後。皆設障以自隱蔽。謂之茀。喪茀者。失其所蔽也。二當臨濟之時。驅車前進。車在前。茀在後。中途喪茀。停車而逐。將有欲濟而不及者矣。故示之以勿逐。七日得者。得猶復也。陰陽之數。至七而復。一卦六爻。循環往復。自二後至七。又值二爻。故不過七日而自得也。象傳以中道釋之。日辰十二。七日正當中也。喪茀者。或云二乘車適五。四當其前。四坎爲盜。是竊茀者也。其說亦通。茀。釋文。茀首飾。馬从之。干云馬髴。按詩屢言茀。皆作車蔽。且初曰曳輪。二曰車茀。象正相合。當从鄭作車蔽。

(占)問時運。小小得失。切勿介意。方得脫大難。成大功也。○問營商。有失而復得之象。○問功名。七年內。定可復職。○問戰征。中途被劫。喪其輜重。七日內。必獲勝仗。○問婚姻。早則七月。遲則七年。可復團聚。○問家宅。其宅被人佔居。七年後。即可歸還原主。○問疾病。七日必愈。○問失物。不久可得。○問六甲。七日內。可產。生女。

(占例)一友訪余山莊。談及某貴顯。曰貴顯以未賜勳章爲憾。請爲一占。筮得既濟之需。

爻辭曰。六二。婦喪其茀。勿逐。七日得。

斷曰。茀爲車蔽。言婦人乘車。設之所以自蔽也。喪茀則失其所蔽矣。勿逐者。謂區區小失。不必追逐。不久自可後得。喩言人當建大功。立大業。瑣屑微物。得喪本不關榮辱也。今爲某貴顯占勳章。得此爻象。爻象所言。顯然明示。勸貴顯不必憂慮。七日得者。謂不久定可榮膺寵錫也。後友人復來曰。占筮甚靈。某貴顯已得寵錫勳章。爻辭之言。恰如爲某貴顯特設者也。

九三。高宗伐鬼方。三年克之。小人勿用。

象傳曰。三年克之。憊也。

高宗殷中興之主。鬼方。西羌國名。按竹書紀年。武丁三十二年。伐鬼方。次于荊。三十四年。克鬼方。氐羌來賓。即高宗伐鬼方。三年克之。實事也。旣濟爻象。初二皆在濟中。至三始濟。故取三年克鬼方以爲況。高宗賢主。鬼方小國。六師所加。三年乃克。師亦憊矣。以喩濟坎之難如此。天下之事。每以艱難得之。安樂失之。當其始。數載經營而不足。其後一旦敗壞而有餘。而其弊皆由於遠君子而近小人也。故戒曰勿用小人。處旣濟者。所當凜凜焉。師上爻曰。開國承家。小人勿用。與此爻辭。意正同。

(占)問時運。忍苦耐勞。所謀必成。○問營商。數載經營。方可獲利。○問功名。辛苦而成。○問戰征。勞師久征。所攻雖得。然亦憊矣。○問婚姻。三年內可完配。○問家宅。此宅陰象太重。三年後方可居住。○問疾病。此病一時無恙。三年內。必難保全。○問訟事。三年可了。防小人又復生事。宜戒。○問六甲。生女。

(占例)某商人來。請占謀事成否。筮得既濟之屯。

爻辭曰。九三。高宗伐鬼方。三年克之。小人勿用。

斷曰。高宗伐鬼方。歷三年之久。而乃得克之。以喻三爻處內卦之終。歷初二之難。而始得濟之。其象正同。觀此即可知謀事之非易易也。今君占謀事成否。得此爻辭。知君所謀之事。一時必難就緒。早則三月。遲則三年。方可合議成就。成後二年。定有大來之吉。但其事與君子合謀。自有利益。與小人合謀。必致敗壞。君其尤當注意焉。

○三十年。杉浦重剛氏來曰。足尾鑛毒事件。紛紛滋議。朝野騷然。請占其結果如何。筮得既濟之屯。

爻辭曰。九三。高宗伐鬼方。三年克之。小人勿用。

斷曰。按九三艮爻。艮爲鬼門。故曰鬼方。三居坎離之間。坎爲毒。爲疾。離爲大腹。三與上應。三至上三爻。故曰三年。克之者。治之也。象爲腹受其毒。以至死亡。其毒實起於離火。出自坎水。非一日矣。爻辭所云高宗伐鬼方者。鬼方喻言其地之險也。高宗賢主。喻言必有能人治之也。今占足尾鑛毒。得此爻象。按足尾銅山。每年出銅一千二百萬斤。其價不下三百萬圓。政府收稅。得十五萬圓。鑛局夫役。約有一萬八千人。數皆賴此爲生活。是我國鑛山所最大者也。毒由鑛銅出丹礬。丹礬有毒。毒入河流。平時未聞其害。因洪水浸田。其毒遂滋。原洪水衝決。由於堤防不固。堤防之害。咎歸土木局。至土木局修築堤防。必需經費。其責又歸大藏省。今鑛毒事件。紛議未有的目。多爲小人從中扇惑所致。恐此案亦將亘三年之久乎。必於此事無甚關係者。不許干涉。謂之小人勿用。修築堤防。以杜坎水之害。此案自得終局矣。

六四。繻有衣袽。終日戒。

象傳曰。終日戒。有所疑也。

按繻爲采繒。袽爲敝衣。四處內外卦之交。出離入坎。繻有文明之象。蓋取諸離。袽爲敗衣。坎爲破。蓋取諸坎。言四當既濟之盛。衣冠濟濟。文物聲名。煥然一新。

然天命靡常。盛倏爲衰。新倏成故。若不因時彌縫。曾不幾時。立成敗壞。猶是繒釆之華裳。未幾而爲敝敗之殘絮矣。故曰繻有衣袽。既濟由乾坤二五相易而來。終日戒者。即乾終日乾乾惕若之意。當既濟而益勵危心。其戒愼無已時也。故曰終日戒。傳釋以有所疑。坎爲疑。疑者。未然而憂其或然。亦戒也。繻。王弼謂宜作濡。衣袽謂以敝衣塞舟漏也。王弼之解。强從濟字取義。謂濟必有舟。舟或有漏。則濡。濡則敝衣塞之。於爻辭繻有衣袽一語。添生枝節。自圓其說。未免矯强。

(占)問時運。運當全盛。然不預防。衰即立至。所宜謹戒。○問營商。如舟行。中流舟漏。急宜補修。○問功名。有忽錫忽褫之懼。○問戰征。奪幟易幟。勝當慮敗。所貴臨事而懼。○問婚姻。古人多以衣服比夫婦。爲不可喜新而棄舊也。○問疾病。是老弱之症也。○問六甲。生男。

(占例)一日西村捨三氏來。曰予奉職土木局長。數年來爲治水巡回全國。已三次矣。溯自維新以前。各藩自保疆土。堤防山林。各有禁令。是以林木暢茂。土脈堅固。無堤防潰決之患也。維新以降。政令一變。山阜陵谷。無不開墾。泥土流出。壅塞河道。以致河流不通。溢出堤上。洪水汎濫。爲災非淺。乏奠平之策。子幸一筮。以示處理之方。筮得既濟之革。

爻辭曰。六四。繻有衣袽。終日戒。

斷曰。爻辭繻有衣袽。繻作濡。爲濡漏之象。衣袽。敝衣。爲塞漏之用。終日戒者。爲危險之至。非一時可濟。須終日防備也。舟漏雖小。而治水之法。爻已顯示其象矣。足下占治水之方。得此爻辭。所謂危者防之。漏者塞之。爻曰衣袽。第即一物以喩之而已。或用沙土。或用木石。皆可以衣袽例之。因地制宜。由小及大。皆在足下酌行之耳。終日戒。三字。最爲切要。所當刻刻預防。不可稍懈。有危心無危地也。治水之道。無過於此。

○知人阪田春雄氏。嘗奉命赴澳國博覽會。余一日訪其家。其母語余曰。前有電信。報告歸期。今愆期未歸。並無後電。心甚憂之。請余一占。筮得既濟之革。

爻辭曰。六四。繻有衣袽。終日戒。

斷曰。此卦上坎下離。離南坎北。今四爻出離入坎。是船已過赤道。而在北洋之象。依爻辭。知有行舟破漏之患。實爲可慮。然離陰變爲坎陽。生命無害。又進一爻。則五爻之陽變而爲陰。是水變爲地。即全身上陸之象。其免難也必矣。時其家有洋學生三人。聞此斷語。竊相誹笑。余曰。易理甚妙。非諸君所知也。諸君不信。待春雄君歸時。可知靈驗矣。後數日春雄氏歸。曰船抵赤道以北。爲暗礁所傷。是以著港致遲延也。

九五。東鄰殺牛。不如西鄰之禴祭。實受其福。

象傳曰。東鄰殺牛。不如西鄰之時也。實受其福。吉大來也。

五與二相應。猶東與西相對。五爲君。二爲臣。東鄰爲君。是紂之國中。西鄰爲臣。是文王之國中也。按紂都在東。岐周在西。東鄰西鄰。鄭謂殷周是也。離爲牛。坎爲豕。殺牛而凶。不如殺豕受福。喻言奢而慢。不如儉而敬也。上卦處既濟之後。

下卦當甫濟之時。殷天子祭用大牢。故殺牛。周西伯。不得用牛。用豕。故爲禴。當日殷道已衰。時爲既濟。周德方新。時爲甫濟。既濟者時已去。甫濟者時方來。已去不復也。方來者未有已也。則殺牛不足侈。而禴祭大可恃。故曰東鄰殺牛。不如西鄰禴祭。實受其福。九五陽爻。陽爲實。五體乾。乾爲福。象傳以吉大來釋之。泰曰小往大來。吉亨。自外而內曰來。卦以二五相易爲乾成泰。謂福自乾來也。」

(占)問時運。已盛則退。方盛則進。宜保儉約。毋侈奢華。吉凶皆由自取也。○問戰征。盛氣在西。宜順天修德。不宜暴兵耀武。○問營商。合夥同業。殷富者亦奢。不如儉約者。實獲其利也。○問功名。已成者宜愼。未成者大可望也。○問婚姻。宜就西鄰訂姻。吉。○問家宅。宅以西首爲吉。○問疾病。宜禱。○問六甲。生男。

(占例)橫濱辨天通橘屋者。余之所知也。其鄰家有岩井屋某。專售西洋家具。明治元年。余因橘屋介紹。賣與材木。價値數千圓。豈知彼陽飾富裕。內實貧困。閱數日不償其價。余乃憂之。以一占決之。筮得既濟之明夷。

爻辭曰。九五。東鄰殺牛。不如西鄰之禴祭。實受其福。

斷曰。爻言東隣殺牛。不如西隣之禴祭受福。卦以九五爲東鄰。以六四爲西鄰。五爲主爻。五與二應。是主不如應也。今就所占論之。則以岩井之賣主爲東鄰。以橘屋之介紹爲西鄰。如此疑橘屋。有於中取利矣。我將向橘屋索價。橘屋必不能辭責。以橘屋當西鄰。爻位屬離。離火也。賣者爲材木。木以生火。火得旺勢。則坎水受煎。東鄰亦不能不出而償價也。且離爲女。可著女人而往索之。後余果與橘屋妻女相謀。乃得受值。

上六。濡其首厲。

象傳曰。濡其首厲。何可久也。

上爲首。初爲尾。是首尾相接也。上處既濟之極。反之即未濟。已然者甫能過。未然早相待。進而不已。身雖未溺。首先犯焉。故曰濡其首。夏殷之盛。未幾而壞於桀紂。文武之興。未幾而降爲幽厲。所謂治日少而亂日多者。古今有同嘅焉。故曰厲。象傳曰。何可久。所以戒之者深矣。

(占)問時運。好運已過。深爲可危。宜愼。〇問戰征。上處坎險之極。上爲首。恐首將有不利。〇問營商。頭帮賣買。必難獲利。〇問功名。可許奪元。〇問婚姻。元配有災。續紘无咎。〇問家宅。此宅長房不利。〇問訟事。防首領難保。〇問疾病。患在首面。可危。〇問六甲。生男。

(占例)友人某來。請占行運。筮得既濟之家人。

爻辭曰。上六。濡其首。厲。

斷曰。上處既濟之終。不保其終。既濟卽轉而爲未濟。上爲首。是首先濡矣。喻言人生在世。前運既過。後運將來。既過者其險已平。將來者其險正多。知足下方今正當交運之時。前運大佳。後運尤當謹愼。可以出險脫危。

䷿ 火水未濟

未濟反既濟。以既濟之上卦。反而居下。既濟之下卦。反而居上。火與水相背不交。是炎上者未能成其炎。潤下者未能致其潤。此卦所以名火水未濟也。

未濟。亨。小狐汔濟。濡其尾。无攸利。

不曰不濟。而曰未濟。非安處不濟也。未耳。蓋未濟而自有可濟。亦未亨而自有可亨。故曰未濟亨。坎爲小狐。汔幾也。濟必登岸。始爲既濟。一步不至。猶未也。汔濟安得爲濟哉。小狐力弱。中流失濟。尾重不掉。難免濡矣。復有何利。故曰小狐汔濟。濡其尾。無攸利也。

彖傳曰。未濟亨。柔得中也。小狐汔濟。未出中也。濡其尾。无攸利。不續終也。雖不當位。剛柔應也。

此卦下坎上離。坎爲水。離爲火。火上水下。水火不相交。即水火不相爲用。爲天地昏而未旦。宇宙混而未開之會也。既濟未濟。彖皆言亨。既濟之亨。已然之亨。未濟之亨。未然之亨。未然之亨。而終可得亨者。以其柔之得中也。小狐不能涉川。不自量力。貿然前進。雖幾乎濟。而終至不濟。未能出險之中也。三四當卦之中。坎盡于三。故未出中。未出中。則飄泊中流。欲進不能。欲退不得。是足未登。而尾已濡矣。不續終者。謂續既濟之終也。既濟之終。乃未濟之始。既濟之首。乃未濟之尾。既濟之終而濡首。則既濟幾不保其終。所望未濟續之耳。乃未濟而濡尾。則不能續既濟之首。即不能續既濟之終矣。既濟未濟。首尾相接。終而復始。不續其終。譬如寒暑不錯行。日月不代明。而天地亦幾於息矣。況於人事乎。故无攸利。處未濟者。所當原始要終。力求其濟。勿效小狐汔濟而濡尾也。在一時之未濟者。無他。以其位之不當也。然位雖不當。要自有可濟之理。既濟之爲既濟。無非以剛柔之相應。未濟亦同此剛柔。由未而既。在此一濟。即在此一續。則未濟之終。亦即爲既濟之終。而乾元亦由是而始焉。

以此卦擬人事。人生涉世。不能無險。不能不求其濟。當其未濟。固不可安於未濟。所當黽勉以期其濟。安於未濟。則終不濟矣。黽勉以期其濟。雖一時未濟。而終必可濟也。未濟而進爲既濟。既濟之亨。即可爲未濟之亨矣。故未濟亦亨。處未濟者。由此濟彼。涉夫險中。即出夫險外。必求彼岸之登。不爲中道之畫。既濟之首。可續。未濟之尾不濡。復何往而不利者哉。人事當此。絕而復續。終而復始。已然者保而無失。未然者進而無窮。如是則未濟者必濟矣。而一時猶有未濟者。以其位之不當也。按爻位必火在下。則水受其煎。必水在上。則火奏其功。顚倒失位。是兩不相用也。不相用。則不相濟。然亦非終不濟也。卦體上互離。下互坎。坎剛離柔。上下相互。即上下相應。既濟之爲既濟。在此剛柔之相應。未濟之進爲既濟。亦在此剛柔之相應耳。以柔濟剛。即以終續始。復有何險之不濟哉。天道循環。人事代更。要不外此剛柔之相應而已。

以此卦擬國家。國家之興衰治亂。顚覆存亡。唯在既濟與未濟相續相保而已矣。作易者在殷周之際。論者謂既濟之卦屬諸殷紂。未濟之卦屬諸周文。文當蒙難艱貞。正值未濟之時也。而小心翼翼。不回厥德。乃所以求其濟焉。彼密崇之距侵。皆小狐之汔濟。其何能濟哉。惟文以柔順文明。蒙此大難。卒能無畔援。無歆羨。誕登道岸。其濟也。其亨也。其得天人之相助。而成其濟也。庶幾大畏小懷。无往而不利者矣。乃能以周繼殷。即周之未濟。以續殷之既濟。則殷之變而爲周者。亦即此首尾之相續也。後世繼周而值未濟者。皆當取法於文也。詩云淠彼涇舟。烝徒楫之。可想見其濟之亨也已。

通觀此卦。既濟者功已畢。未濟者事復始。終而復始。有生生之義焉。生生之謂易。易所以終於未濟也。既濟者水在上。勢欲下。火在下。勢欲上。二氣參和。交致其用。未濟反是。炎上者上升。流下者反下。分背不交。不相爲用。致用則其用已成。不相爲用。而其用正有待也。此即五德相乘。四時遞嬗無絕不續之運會也。坎離之既未既。猶乾坤之泰否。泰極則否。既濟而後未濟。其象同焉。爲卦下三爻爲未濟中之未濟。上三爻則爲未濟中之既濟。由未而既。故爻象視既濟爲吉。卦體坎上離下。離爲日。坎爲夜。離明坎暗。離虛坎實。德莫大於明。道莫神於虛。故坎降而離升。坎隱在內。離明在外。日麗天上。水行地下。乾坤正位。法象之自然也。聖人於此。當其既濟。不忘未濟之念。當其未濟。倍切既濟之圖。業必愼於創始。功不隳於垂成。俾天運得以永貞。治道得以久安。豈不甚願。無如陰陽倒置。爻位失當。坎離各安其宅。水火互藏其用。卦所以爲未濟也。在六爻。位皆不當。而剛柔則各相應也。初濡尾。無濟之具也。二曳輪。得濟之具也。三涉川。以躁動而凶也。內卦三爻。皆爲欲濟而猶未濟者也。四有賞。以震伐而行志也。五輝光。以有孚而獲吉也。上濡首。以飲食而失節也。外卦三爻。皆進未濟而爲既濟者也。爻以二五爲正應。故皆曰貞吉。初與四雖應。初當濟之始。四得濟之中。故初不如四吉。三與上皆處極位。三以皆濟而失利。上以既濟而以節。故皆示以爲戒。戒之正。所以保其終也。易之道以不終爲終。乃无終而非始。故乾曰无首。坤曰无終。六十四卦。不終于既濟。而終于未濟。爲既濟者已盡。未濟者无窮。以既啓未。以未續既。乾坤之大用。即在坎離之相續也。

大象曰。火在水上。未濟。君子以愼辨物居方。

火熱水寒。物之各異其性也。離南坎北。方之各殊其位也。火在水上。是炎上潤下。竝失其位。兩不相濟也。故曰未濟。君子觀其象。而辨之居之。辨其物。使物得其宜。而不相混。居其方。使方從其位。而不相越。皆以審愼而出之。斯知之無不明。處之無不當。而其濟者乃可進於濟矣。故曰君子愼辨物居方。

(占)問時運。運途顚倒。諸事須愼。○問營商。貨物失當。地位不合。所當謹愼處置。方可獲利。○問功名。未也。○問戰征。營壘器具。各失所宜。不相爲用。急宜愼重審察。斯可免敗。○問家宅。方向倒置。須當改易。○問婚姻。門戸不合。○問疾病。上下焦血絡不通。宜升不升。宜降不降。方藥最宜審愼。○問失物。辨明方位。可以尋得。○問六甲。上月生女。下月生男。

初六。濡其尾。吝。

象傳曰。濡其尾。吝。亦不知極也。

初居未濟之始。彖所云小狐汔濟。濡其尾。初爻當之。未濟之初。與旣濟之上。首尾相接。既濟之上。以濡尾而厲。初躡其後。見上之濡首。反而自懲。未濟者亦可免於濡矣。乃前首後尾。同遭其濡。頑不知戒。故曰吝也。象傳以亦不知極釋之。謂前覆其轍。後又不知而蹈之。故曰亦不知其極也。

(占)問時運。不審前後。不顧進退。鹵莽從事。是昏而無知者也。○問營商。前既失敗。後又不戒。覆轍相仍。其將何以了事乎。○問功名。龍頭既失。驥尾亦必難附。○問婚姻。流離瑣尾。團聚難矣。○問家宅。此宅前門後戶。方位不正。○問疾病。病在下身。○問六甲。生男。

(占例)友人某來。請占製造物品。生業如何。筮得未濟之睽。

爻辭曰。初六。濡其尾。吝。

斷曰。初居未濟之初。正在濟未將濟之時。既濟之終濡其首。未濟之始濡其尾。有首尾不相顧之象。今君占製造生業。得此爻辭。知此業必是舊業。君接其後而重興也。君乃不知前車之覆。貿然而蹈其後。以致製品所出。一時不能銷售。以此質金。反致失利。得失不償。進退兩難。幾同小狐汔濟。而濡其尾也。未免吝矣。至二爻曰。曳其輪。貞吉。在明年當以車運出外。可以販賣獲利也。君可無憂焉。

九二。曳其輪。貞吉。

象傳曰。九二貞吉。中以行正也。

二居坎之中。坎爲輪。故曰輪。輪者。濟之具也。旣濟初爻曰。曳輪而濡尾。有濟之具而濡者也。此曰輪曳。而不曰濡尾。有濟之具而不濡者也。視旣濟之初爲優矣。故曰貞吉。坎又爲矯輮。按周禮考工記。行澤者反輮。行山者仄輮。取其便於曳也。御輪濟水。中道而行。其濟以正。是爲中行以正。吉何如之。象傳所釋。最爲明著。

(占)問時運。運如輕車渡水。中道以濟。无往不利。○問營商。有滿載而歸之象。○問功名。二與五應。五爲君。二爲臣。二五皆吉。是君臣相濟也。有後車以載之象。○問戰征。有曳柴僞遁之謀。○問婚姻。有桓少君鹿車共挽之風。必得賢婦。吉。

○問家宅。有輪奐竝美之象。○問疾病。必是胸腹作鳴。轆轆如車聲。宜開通三焦。使氣機舒展。自愈。○問六甲。生男。

(占例)明治八年九月。朝鮮國砲擊我雲揚艦。物論洶洶。朝廷將興問罪之師。時陸軍大佐某氏來請一占。筮得未濟之晉。

爻辭曰。九二。曳其輪。貞吉。

斷曰。水火不交。不相爲用。謂之未濟。然未濟非不濟也。時未至則不濟。時至則濟。故曰未濟亨。爲卦皆取水火。既濟水在火上。初爻曰曳輪。是爲陸道之輪車也。未濟火在水上。二爻曰曳輪。是爲海道之輪船也。今雲揚艦被朝鮮砲擊。爻曰曳輪貞吉。想雖被擊。尚可曳輪而歸。故不失其吉也。象傳曰。中以行正。言必得中和之道。以行其正。今年必不致搆怨興兵也。至三爻曰。征凶。利涉大川。恐明年有事於朝鮮。曰征凶者。恐陸軍不利。曰利涉大川者。知海軍必大勝也。九四曰貞吉。悔亡。震用伐鬼方。三年有賞于大國。自二至四爲後年。必可平定朝鮮矣。當以朝鮮土地。屬我版圖。以之賞賜有功諸藩。且二爻變而爲晉。晉者。進也。晉五曰。失得勿恤。往吉。无不利。上曰晉其角。維用伐邑。厲吉。无咎。是皆征討有功之占也。占象如是。知以後征討必獲大功。但未濟以外卦爲既濟。內卦爲將濟。占在二爻。故今年未能成事。必待外卦。乃得全濟也。後朝鮮事局平和。征討不興。於是某氏來曰。前日之占。事未甚驗。余曰易占無不靈應。但所應有不在一時也。現雖歸和平。其中以行正一語。恰好符合。此後占象。君須緩以待之。無不應也。

六三。未濟。征凶。利涉大川。

象傳曰。未濟征凶。利涉大川。位不當也。

三爻以陰居陽。當內卦之交。首尾俱不着岸。故爻曰未濟。專以卦名歸之。謂未濟之所以未濟者。在此爻也。三爲坎之終。地當衝要。進一步則出險。誤一步即履危。鹵莽前進。一經失足。功敗垂成。故曰征凶。然未濟有可濟之道。在險有出險之時。自古定大難。建大功者。罔非徒征凶之時而興起也。所謂征凶者。第戒其不可妄動。非欲其退縮不前。三之地。正當利涉之地。三之時。正當利涉之時。此而不濟。則終不濟矣。此而得濟。則汔濟者乃得濟矣。象傳曰。位不當也。未濟六爻。位皆不當。三爲坎之主。故傳專以不當釋之。

(占)問時運。宜鎭靜待時。躁動則凶。○問戰征。宜會集海軍。水陸竝進。則凶者吉矣。○問營商。以舟運爲利。○問功名。有涉川作楫之材。○問婚姻。詩云造舟爲梁。親迎于渭。迎娶則吉。往贅則凶。○問疾病。艮爲狐。病由狐祟所致。宜涉川以避。○問六甲。生男。

(占例)三十年。占衆議院氣運。筮得未濟之鼎。

爻辭曰。九三。未濟征凶。利涉大川。

斷曰。此卦火上水下。水火不相爲用。故曰未濟。三爻居上下內外之交。出坎入離。正當未濟之時。是以爻辭直曰未濟。曰征凶者。指初之濡尾也。曰利涉者。指二之曳輪也。爲利爲凶。任人自爲之耳。傳則釋曰位不當。於此即可見衆議院之氣運矣。蓋在政府。欲效歐米之文明。以圖富强。在衆議員。欲學歐米之自由。

以圖權利。猶之火上水下。兩不相濟也。且現時所選議員。多由賄賂而來。是明明位之不當也。由此以往。安得不凶。故曰征凶。然於議院之設。苟當其位。而中以行正。未始無利。故曰利涉大川。但此爻處坎之終。猶未出險。今年衆議院。正當未濟之地。難期盛旺。四爻曰貞吉悔亡。震用伐鬼方。三年有賞于大國。知明年衆議院。必得其人。能贊襄國家大事。榮邀厚賜。此盛象也。五曰君子之光。五爲君。定當入覲天顏。武功文德。竝煥輝光矣。

九四。貞吉。悔亡。震用伐鬼方。三年有賞于大國。

象傳曰。貞吉悔亡。志行也。

未濟濟在四。既濟濟在三。未濟之四。即既濟之三。故爻辭皆曰伐鬼方。三居離之始。離爲戈兵。故用伐。坎爲鬼。故取象於鬼方。震者。威怒之象。所謂一怒而安天下之民也。未濟則有悔。濟則悔亡。故曰貞吉悔亡。三年者。言其久也。即既濟三爻所云三年克之也。有賞者。爲獻俘授馘飲至大賞是也。大國謂殷。爻雖不明言高宗。要不出既濟三爻之義也。象傳曰。志行。謂班師奏凱。威震遐方。主三軍者。國得行其志矣。既濟三爻傳曰憊也。爲勞師遠征而言。此傳曰志行。爲振旅告捷而言。

(占)問時運。有三大運。悔亡貞吉。名利俱全。○問戰征。率軍遠征。奏凱而還。得以榮邀錫命。○問營商。行商遠出。財利豐盈。○問功名。聲名遠震。得承天寵。○問婚姻。三年可成。○問家宅。貞吉。○問疾病。鬼方二字。不祥。三年後恐難保。○問六甲。生女。

(占例)友人某來請占氣運。筮得未濟之蒙。

爻辭曰。九四。貞吉。悔亡。震用伐鬼方。三年有賞于大國。

斷曰。此卦下三爻爲未濟之時。上三爻爲既濟之時。今占得四爻。知年來困苦之事。漸次可奏成功。謂之貞吉悔亡。震用伐鬼方。三年有賞于大國者。知君於此三年中得以威名遠揚。賞錫榮膺。爲生平業成志滿之時也。

○明治二十七年冬至。謹占二十八年。

聖運。筮得未濟之蒙。

爻辭曰。九四。貞吉悔亡。震用伐鬼方。三年有賞于大國。

斷曰。四爻當內外之交。出坎入離。爲脫險難而進文明。是由未濟而底既濟也。今占得四爻。爻曰震用伐鬼方。是爲征清之役。必得全勝也。三年者。謂戰役之久。有賞于大國者。謂奏凱行賞也。廟算之精。聖武之顯。遠過湯武。洵可謂萬年有道之天子也。

六五。貞吉。无悔。君子之光。有孚。吉。

象傳曰。君子之光。其輝吉也。

五爲未濟一卦之主。居離之中。與四相比。與二相應。二以居中行正。四以征伐有功。當此文德昭明。武功顯著。臣下之勛業。要即爲天子之威光也。故曰君子之光。柔得中。故貞吉无悔。離爲明。爲光。德莫盛於明。業莫大於光。六五之君。和順積中。英華發外。其光皆出於君子之身。天下莫不仰文明之化。故曰有孚吉。

象傳以暉吉釋之。謂其篤實輝光。自然照著。吉何如也。

（占）問時運。運當全盛。百事皆吉。○問戰征。師卦曰。師貞丈人吉。可竝占之。○問營商。其營業必關係政府公幹。或爲軍餉。或爲軍器。得沾朝廷之餘澤。故吉。○問功名。有入覲天顏之象。○問家宅。此宅大吉。當邀旌錫之榮。○問婚姻。必得君子好逑。○問六甲。生女。主貴。

（占例）某縉紳來。請占官階升遷。筮得未濟之訟。

爻辭曰。六五。貞吉。无悔。君子之光。有孚。吉。

斷曰。五爻居離之中。離爲日。爲光。五當君位。日有君象。故曰君子之光。日光照臨。下土徧被。故曰有孚。五與二應。二爲臣。是先得君子之光者也。今貴下占祿位升遷。得未濟五爻。五爲尊位。二爻屬貴下。二爻曰曳輪貞吉。輪爲日輪。曳輪者。有如羲和御日。是爲天子之近臣。沐浴聖化。瞻仰龍光。君明臣良。可爲貴下賀焉。

上九。有孚于飲酒。无咎。濡其首。有孚失是。

象傳曰。飲酒濡首。亦不知節也。

上爻當未濟之終。反爲既濟。坎險已脫。上下交孚。則飲食以燕樂之詩。南有嘉魚君子有酒。嘉賓式燕以樂。序曰。太平君子至誠。樂與賢者共之。有孚於酒食之義也。故无咎。然酒以成禮。不及於亂。立監立史。所以示其節也。濡其首。則醉而不出。是謂伐德。亦何取於孚矣。故曰有孚失是。是始爲有孚而飲酒者。繼反爲飲酒而失孚也。象傳以不知節釋之。易之爲書。患太過。更甚於防不及。欲不可從。樂不可極。持盈保泰。無非節也。此特於未濟之終。借飲酒以爲喻耳。

(占)問時運。坎難已平。衆心歡樂。能知撙節。可以永保无咎。○問戰征。此爲得勝班師。飲酒策勛之時也。○問營商。已得厚利而歸。從此量入爲出。富可永保矣。○問功名。有得而復失之患。○問疾病。必是飲食不節所致。○問訟事。序卦曰。飲食必有訟。知其訟必由於酗酒來也。○問六甲。生女。

(占例)二十八年七月廿七日。薄暮。余與友閒叙于書樓。偶聞有叫新聞號外者。客曰。號外所報。不審何事。君試占之。筮得未濟之解。

爻辭曰。上九。有孚于飲酒。无咎。濡其首。有孚失是。

斷曰。號外所報。必因飲酒過度。醉溺水中之禍也。時女僕適齎號外來。展而閱之。爲山陽鐵道汽車顚覆中途。致傷旅客之報也。後數日。會該鐵道會社員。問及當時情況。曰。會風雨暴作。勸令止車。機關師某。不肯臨行且滿酌火酒。啓車而進。猝罹此禍。因此傷命云。乃知爻辭果不虛也。

易六十四卦。上經首乾坤。終坎離。下經首咸恒。終既未濟。咸恒爲夫婦。由乾坤而生也。既未濟爲水火。由坎離而化也。其變萬殊。其旨一也。乾道尙虛。坤道尙實。坎象中實。離象中虛。易始於虛。亦終於虛。虛則靈。靈則變化神焉。交互錯綜。循環反復。始而復終。終而復始。究之無所謂始。無所謂終。無所謂虛。無所謂實。變動不居。周流六虛。易之妙用。無非以此虛靈二氣。運用於三百八十四爻之中而已矣。

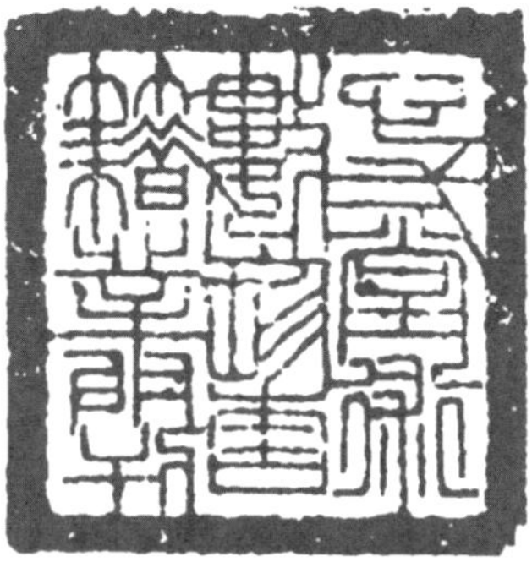

高島易斷跋

余聞高島君之名久矣。今玆庚辰五月。君忽訪弊廬。一見而知其爲雄偉非常之士。聽其談易理及生平行事。不自覺膝之前席也。嘗有罪入獄。偶得周易一册。喜曰。此天賜也。晝讀夜思。爛熟貫通。七年而出獄。君如身生羽翼。奮曰。吾出萬死而得一生矣。自今吾唯當勇于行善而已。乃開市廛於橫濱。勤於作事。能乘機會。性又忍耐。四年間。獲金巨萬。然其所入。盡用諸義舉。不以絲毫自爲退守計。苟利於人。則進而當其勞苦。每見善事則必著之先鞭。始造鐵路。自橫濱至神奈川。以納于官。嘗有洋商。謀將設街燈於橫濱。君先機而造之。終不使贏利歸於彼。常留心觀天下之變。預卜其將來。故當其處事孔棘。他人惴惴。束手無措。而君智謀橫發。游刃有餘。當事之難決。則筮之。其解說奇中。揆諸人事。大小皆驗。此書可見其梗概也。抑君之勇於爲善。而致此福運。豈無其因哉。令尊藥師寺嘉兵衛。常陸新治郡人。好行善。德誼濟衆。天保年間。東奥大饑。令尊告閑叟鍋島公。請救之。其綱紀誠實。遂運輸肥前米於盛岡。六十萬生靈。賴以全活。蓋其德格天人矣。嗚呼。天欲授福報於君。先以牢獄。爲之學校。畀患苦。成其材器。使生行善之勇氣。自今以往。其所爲。灼々在人耳目者。既不勝書。自今而後。其進而行善。豈有所底極哉。君囑余。跋其卷尾。余因述所聞于君。以諗讀是書者。

敬宇 中村正直撰